Il les aima
jusqu'à la fin

Mère Julienne du Rosaire, o.p.

Éditions Paulines
Les Dominicaines Missionnaires Adoratrices

Composition et mise en page: *Éditions Paulines*

Maquette de la couverture: *Lise Dufresne, o.p.*

ISBN 2-89039-515-4

Imprimatur: Roger Boisvert,
vicaire général
Québec, le 11 juin 1991

Nihil obstat: Jean R. Hamel, ptre
censeur délégué
Québec, le 11 juin 1991

Dépôt légal — 4e trimestre 1991
Bibliothèque nationale du Québec
Bibliothèque nationale du Canada

Préface

Dieu échappe à tous les télescopes, à tous les microscopes; il est au-delà de toutes nos recherches scientifiques. Pourtant il est si réel, si consistant, en lui, dans sa création.

Dans son amour qui dépasse toutes nos mesures, il a voulu être présent au milieu des humains d'une façon bouleversante. Il a été Emmanuel: Dieu-avec-nous; il meurt d'amour sur la croix pour nous sauver, et par sa résurrection il entre dans la plénitude de la Trinité. Jésus a voulu que soit ré-actualisé l'amour de sa mort-résurrection, sous le signe du pain et du vin. Il demeure parmi les siens comme nourriture des malades et des cœurs affamés. L'Eucharistie: Jésus, le Sauveur de ses frères et sœurs, le Chantre du Père, qui nous entraîne dans son œuvre de libération et dans son chant de louange. L'Eucharistie: mystère des mystères, richesse des richesses, « source et sommet » de nos vies chrétiennes.

Dans l'Église, l'Esprit suscite des personnes, des groupes pour entourer Jésus Eucharistie d'une tendresse spéciale, pour être comme des lampes-Dieu, rappel dynamique de sa présence rayonnante.

Les Dominicaines Missionnaires Adoratrices sont un de ces cadeaux de l'Esprit à notre temps. Fondées en 1945 à Beauport, près de la ville de Québec, elles participent à la grande mission de l'Église: l'évangélisation. Elles se consument en même temps dans l'adoration de Jésus Eucharistie; elles veulent s'unir de plus en plus à l'amour brûlant de son Coeur Eucharistique, à son cantique d'adoration et de louange à la gloire du Père et de la Trinité.

La fondatrice de cette famille religieuse est une femme au cœur de feu: Julienne Dallaire – mère Julienne du Rosaire. Elle s'est laissée séduire par Jésus dans l'offrande de lui-même le jeudi saint et dans sa prière éternelle au Père. Elle a été, elle est toujours messagère de cet amour. Elle rappelle une autre Julienne – une belge, Julienne du Mont Cornillon (1191-1258) – qui a fortement contribué à l'expansion du culte du Saint Sacrement et à l'institution de la Fête-Dieu.

Depuis la naissance de la communauté, mère Julienne n'a cessé de communiquer à ses « filles » l'ardeur qui la brûle. Le jeudi saint a toujours été pour elle l'occasion privilégiée de livrer un message sur Jésus dans l'infinie richesse de l'Eucharistie, message préparé auprès de lui, avec lui. Dans ses entretiens, elle se laisse guider par le souffle qui l'habite; mais pour le jeudi saint, elle rédige habituellement un texte. La communauté a tenu à conserver ce précieux héritage, pour découvrir et renouveler sans cesse sa grâce originelle. Généreusement, elle nous permet de nous en nourrir.

« Prends et mange! » a dit l'ange à l'apôtre Jean (Apoc 10, 9). Prends et mange cette parole toute simple, lumineuse, avec des trouvailles étonnantes, expression de la devise dominicaine Contemplata tradere: *livrer les richesses contemplées. Prends et mange cette parole savoureuse, chaleureuse, frémissante, interpellante! Parole qui dispose le cœur à accueillir la stupéfiante parole du dernier repas de Jésus: « Prenez et mangez-en tous, ceci est mon corps livré pour vous. »*

Jean-Marie Côté, c.s.s.r.

Introduction

AU CŒUR D'UNE SPIRITUALITÉ

Au cœur de la spiritualité que nous transmet mère Julienne du Rosaire, il y a le jeudi saint..., il y a le Cœur Eucharistique de Jésus..., il y a l'éclatement de l'amour: «il les aima jusqu'à la fin». Oui, au jeudi saint, il y a le commencement d'un grand acte d'amour qui, de son feu, embrasera notre terre jusqu'au soir du monde..., jusqu'à ce qu'un prêtre prononce pour la dernière fois le «Ceci est mon corps, ceci est mon sang» et qu'une hostie vienne brûler le cœur d'un dernier communiant...

Mais qui est mère Julienne du Rosaire – Julienne Dallaire – et quelle est cette spiritualité qu'elle nous transmet?

Mère Julienne du Rosaire

Née et baptisée à la paroisse Notre-Dame-de-Jacques-Cartier, à Québec, en 1911, Julienne Dallaire est saisie dès sa première communion par la présence de Jésus dans l'Eucharistie. C'est le point de départ d'un cheminement eucharistique qui la conduit, à douze ans, au puits de Jacob, où résonnent fortement en son cœur les paroles de Jésus à la Samaritaine: «Si tu savais le don de Dieu... Mon Père cherche des adorateurs.» Le mystère eucharistique s'éclaire alors pour elle d'une lumière nouvelle: ce don de Dieu, c'est l'Eucharistie, c'est son hostie quotidienne... L'Adorateur du Père, mais c'est ce même Jésus qui, en se donnant à nous, nous entraîne dans son sacrifice d'adoration et de louange et fait de nous, en lui, des adorateurs du Père et de toute la Trinité.

Après cette halte au puits de Jacob, le cheminement eucharistique de Julienne se poursuit jusqu'à la cène où, en 1942, elle est brûlée par l'amour de Jésus, à tel point qu'elle note: «J'ai senti l'amour immense avec lequel Notre-Seigneur se donne dans son sacrement (l'Eucharistie). Les âmes qui honoreront d'une façon particulière cet amour seront introduites dans son divin cœur, elles vivront en lui et par lui une vie d'amour.» Jeudi saint, amour immense de Jésus se donnant dans l'Eucharistie: mots lumineux, mots clefs auxquels il nous faut sans cesse revenir pour comprendre le sens de son message.

Enfin, ce cheminement eucharistique trouve son aboutissement en 1945, dans la fondation d'une nouvelle communauté: les Dominicaines Missionnaires Adoratrices.

Une spiritualité à vivre et à partager

Cette communauté, érigée canoniquement en 1948, accueille le souffle que lui transmet sa fondatrice, mère Julienne du Rosaire, et travaille à l'incarner à son tour; car la raison d'être du nouvel institut est précisément de «former une génération d'âmes toute dévouée à l'amour de Dieu dans l'Eucharistie – amour qu'elles (les religieuses) honoreront sous le vocable de

Cœur Eucharistique de Jésus», écrit Julienne au cardinal Jean-Marie Rodrigue Villeneuve, en décembre 1943.

La communauté est missionnaire pour diffuser par toute la terre ce message d'amour eucharistique: message qui est une vie. Tout en s'imprégnant de la spiritualité, elle doit la partager, et cela s'est précisé même avant la fondation, soit en 1943, où Julienne note que les Dominicaines Missionnaires Adoratrices devront «entraîner les autres, tout en s'entraînant elles-mêmes» à vivre de la vie du Cœur Eucharistique de Jésus. C'est donc dans ce but que nous publions le présent volume.

Le jeudi saint demeure, pour mère Julienne du Rosaire, un point sommet pour contempler et se laisser brûler par cet amour immense avec lequel Jésus se donne dans l'Eucharistie – et qu'elle désigne souvent par l'expression l'acte d'amour. C'est ce que le lecteur percevra en méditant les 30 allocutions qui suivent, allocutions qu'elle a prononcées avant de procéder au «lavement des pieds»: une célébration traditionnelle dans l'Ordre des Frères Prêcheurs et qu'elle présidait chaque jeudi saint, en tant que fondatrice et prieure générale de sa communauté. En plus de nous plonger dans ce grand amour de Jésus se donnant dans l'Eucharistie, chaque allocution, explique-t-elle, contient la grâce particulière qui lui était donnée cette année-là et qu'on retrouve, tel un fil conducteur, exprimée en caractères italiques.

Mais le jeudi saint est sans cesse actualisé... Il y a toujours la messe, donc il y a toujours cet acte d'amour de Jésus qui, tel un feu, ne cesse de réchauffer notre univers surnaturel. Aussi le lecteur trouvera-t-il profit à méditer ces textes pour mieux comprendre et vivre la célébration de l'Eucharistie, se préparer à communier; pour nourrir son oraison quotidienne;

pour découvrir en Jésus l'Adorateur du Père et se laisser entraîner dans son adoration; en un mot, pour apprendre à vivre «à cœur de jour» uni au Christ eucharistique. «Les personnes qui y apporteront de la bonne volonté, Notre-Seigneur les mettra en relation avec la Sainte Trinité. C'est par *la communion* et *l'oraison* principalement qu'elles pourront atteindre à ce but sublime», note encore Julienne en 1942. Ce livre n'est donc pas le livre d'un jour; il est comme le pain qui revient souvent sur la table et dont on mange quelques passages pour se laisser ensuite brûler dans la prière, consumer au feu de l'amour. Car la dévotion au Cœur Eucharistique n'est pas tant écrite dans un livre que «vivante dans un cœur vivant parmi nous, et ce cœur, qui est tout ensemble le cœur d'un Dieu et le cœur d'un homme, est sans cesse occupé à s'unir à notre cœur et à porter en lui la perfection divine dont il est rempli», explique encore mère Julienne du Rosaire.

Il les aima jusqu'à la fin est un souffle d'Évangile, car ce livre est pétri, tissé de passages d'Évangile que l'auteure cite la plupart du temps de mémoire, particulièrement les récits du lavement des pieds et du discours après la cène (Jean 13-17) et ceux de l'institution de l'Eucharistie (les évangiles synoptiques). Nous n'avons donc pas indiqué les références qui concernent ces textes.

Laissons-nous entraîner, nous aussi, dans cet abîme d'amour qu'est le Cœur Eucharistique de Jésus!

Julienne Turmel, o.p.

UNE LEÇON D'HUMILITÉ
ET DE CHARITÉ

Il y a presque 2000 ans, en un jour comme aujourd'hui, se déroulaient dans une maison appelée cénacle, dans la plus grande simplicité, sans que personne ne le soupçonne, pas même ceux qui en étaient les heureux témoins, les événements les plus merveilleux de l'histoire. Oui! quelles choses sublimes se passaient au cénacle, en ce jeudi à jamais sanctifié: là, naissaient l'Eucharistie et le sacerdoce chrétien. Là, pour la première fois, le Christ envahissait, de sa présence sacramentelle, des poitrines humaines; son cœur, pour la première fois, s'unissait de la façon la plus étroite à notre cœur. Là, il consacrait ses premiers évêques. Ces hommes qui, au sortir du cénacle, ne semblaient pas changés avaient pourtant atteint le sommet des pouvoirs qui peuvent être accordés ici-bas. Ils passaient inaperçus, mais ils étaient, après le Christ, les plus grands hommes du monde.

Ô scène sublime, divisée en trois phases principales: le prélude ou le lavement des pieds; la cène elle-même ou l'institution de l'Eucharistie et du sacerdoce chrétien; enfin, la conclusion ou le fameux discours de Notre-Seigneur.

Ensemble, nous allons en reproduire le prélude. Quant aux deux autres phases, contentons-nous d'en écouter en silence la relation, durant laquelle nous essaierons de communier spirituellement, avec une ferveur nouvelle; puis, dans le recueillement de l'action de grâce, buvons avec avidité les paroles du discours après la cène. Que cette fervente communion spirituelle nous prépare à la communion sacramentelle que nous ferons tout à l'heure, pour que notre communion du jeudi saint 1959 soit le germe d'une résurrection pascale sans précédent. Que cette communion nous pousse à entrer plus profondément dans les sentiments de l'âme du Christ pendant sa passion; qu'elle nous excite à chercher toutes les occasions de mourir mystiquement avec lui, afin qu'au jour radieux de Pâques nous ayons une part abondante aux grâces de sa résurrection.

L'Église nous fait donc revivre aujourd'hui les dernières heures d'intimité de Notre-Seigneur avec ses apôtres, la soirée d'adieu du Christ. Si le départ de ce monde est le moment le plus solennel pour tout homme..., quel moment à jamais mémorable que celui où notre divin Maître se prépare à nous quitter! Il nous manifeste son amour par des paroles et des gestes d'une douceur, d'une tendresse ineffables, mais surtout par un don qui dépasse toute conception, toute espérance, et qui est le résumé, la synthèse de toute sa vie, de tout son amour. Pour le moment, notre attention se fixera plutôt sur ce qui précède l'institution de l'Eucharistie. Jésus se lève de table et va nous donner *un beau témoignage d'amour, une sublime leçon d'humilité.* Il prend un bassin, de l'eau et lave les pieds de ses Douze. Il s'abaisse pour nous purifier et nous donner part à son banquet, pour nous revêtir ensuite, avec lui, de ce manteau de gloire qu'il a repris en remontant au ciel.

Écoutons avec attention ses paroles et nous saisirons que sa pensée est tout occupée du grand acte d'amour qu'il se propose de poser, du grand miracle qu'il se dispose à accomplir, de l'institution du grand sacrement de l'Eucharistie. «Si je ne te lave, dit-il à Pierre, tu n'auras pas part avec moi, c'est-à-dire: tu ne mangeras pas ce que je veux te donner, la nourriture que je te prépare.» On sent qu'il pense à la trahison, à la communion sacrilège de Judas: «Vous êtes purs, mais non pas tous.» On voit qu'il prépare ses apôtres au banquet sacré. On voit bien, à l'étonnement de Pierre, que c'est la première fois que Notre-Seigneur pose ce geste. Tout semble indiquer qu'il s'agit tout simplement de partager un repas ordinaire, tandis qu'il s'agit du banquet eucharistique. Il semble parler d'une pureté physique et pourtant ce qu'il a dans l'esprit, on le voit par la suite, c'est la pureté morale qu'exige la sainteté de son corps et de son sang qu'il s'apprête à leur donner en nourriture. C'est lui qui, comme une tendre maman qui lave ses petits avant les repas, lave ses enfants avant qu'ils s'avancent à la table eucharistique.

Mêlées aux apôtres, suivons comme eux, d'un œil attentif, le Maître qui vient de se lever de table. Partageons d'abord leur curiosité. Qu'ils sont loin de soupçonner ce qu'il va faire! Puis, leur étonnement quand ils le voient s'avancer vers eux, les reins ceints d'un linge, tenant dans ses mains divines le bassin où il vient de verser de l'eau; enfin, leur surprise quand leur Maître se prosterne. Le voici à genoux devant Pierre: l'apôtre est saisi; il ne comprend plus rien; il ne voit que sa bassesse et la dignité de son Maître. Entendons l'exclamation spontanée qui jaillit de sa belle âme si simple et si noble tout à la fois: «Vous, Seigneur! Vous, me laver les pieds!»

«Vous, Seigneur!...» Réfléchissons un peu. Celui qui est là aux pieds des apôtres, mais c'est le Seigneur, c'est notre Dieu! Sa dignité est infinie, et il en a conscience. Malgré cela, le voilà qui, à genoux successivement devant chacun des apôtres, leur rend, jusque dans ses menus détails, l'humble service de leur laver les pieds pour les soulager, parce que leurs pieds sont sales, pleins de poussière et de boue. Cette fonction était réservée ordinairement au dernier des serviteurs, des esclaves. Notre étonnement est à son comble quand on le voit laver les pieds de celui-là même qui vient de le trahir, de le vendre, et qui n'attend plus que sa chance pour le livrer. Ô *charité* infinie! Ô bonté suprême! Ô *humilité* ineffable du Fils de Dieu! Qui ne serait pas étonné en voyant le souverain Seigneur du ciel et de la terre, le Roi de toutes créatures aux pieds de quelques pécheurs, aux pieds même du traître Judas?

Jésus joint la leçon à l'exemple. Écoutons-le, pesant chacune de ses divines paroles. «Vous m'appelez Maître et Seigneur, et vous dites bien, car je le suis. Si donc je vous ai lavé les pieds, moi votre Seigneur et votre Maître, vous devez vous aussi vous laver les pieds les uns les autres. Et n'objectez pas votre prééminence: le serviteur n'est pas plus grand que le maître, ni l'apôtre plus grand que celui qui l'a envoyé.» Qu'est-ce à dire, nous laver les pieds les uns aux autres? Notre-Seigneur n'a sûrement pas voulu dire de nous laver mutuellement les pieds; mais il nous demande de pardonner pleinement les torts du prochain à notre égard, d'oublier tout ce qui nous déplaît en lui, de nous supporter charitablement. Le lavement des pieds symbolise l'humble service. Nous laver les pieds les uns les autres, c'est nous disposer à nous aider mutuellement, même dans les choses les plus répugnantes.

Maintenant, faisons revivre au Christ Sauveur, par une foi vive, ce geste sublime qu'il posait il y a 2000 ans. Soyons les apôtres privilégiées: n'est-ce pas ce que nous sommes, nous, petites Dominicaines Missionnaires Adoratrices? Et que ce soit Jésus qui s'avance vers nous pour nous laver les pieds. Ayons les sentiments des apôtres, d'un saint Pierre, d'un saint Jean; et essayons de bien pénétrer l'âme et le cœur du Sauveur pour bien comprendre et tirer profit de tout. Que ce soient les mains toutes-puissantes du Christ qui touchent nos pieds; regardons-les avec admiration et amour. Avec admiration, car ce sont les mains de Dieu: mains toutes-puissantes, mains du Créateur qui ont fait surgir du néant tout cet univers que nous admirons; qui ont jeté dans l'espace ces millions de luminaires; qui ont semé la vie partout dans les airs, dans les eaux et sur la terre; qui ont créé cet univers qui nous révèle sans cesse de nouvelles merveilles, de nouvelles beautés. Mains qui transforment tout ce qu'elles touchent! Les ténèbres en lumière: les aveugles voient; la surdité en entendement: les sourds entendent; le mutisme en parole: les muets parlent; l'infirmité en perfection: les boiteux marchent; l'inertie en mouvement: les paralytiques se meuvent; la mort en vie: le cercueil du fils de la veuve de Naïm, touché par elles, livre son prisonnier vivant, et la main dans celle du Christ, la fille de Jaïre se redresse vivante sur sa couche funèbre. Si nous avons une foi vive, ces mains bénies produiront sur nos âmes des effets analogues: des grâces de lumière, de force, de vitalité spirituelle les inonderont.

Allons, réveillons notre foi! C'est Jésus qui passe en ce moment au milieu de nous. Que ce soient ses lèvres brûlantes qui baisent nos pieds avec amour et respect. Avec amour, pour nous brûler du feu d'un divin amour et de ce feu apostolique qui le consumait, et nous faire, avec lui, soupirer après les âmes et crier: «J'ai soif». Avec respect, car il voit en nous des apôtres appelées à le faire connaître, à le faire aimer. Puisse ce contact spirituel que nous avons avec lui aujourd'hui affirmer nos pas, donner à nos pieds de porter sans défaillance une vraie missionnaire au cœur de feu, un ostensoir du Christ: c'est la prière que je fais en ce moment à Jésus, pour chacune d'entre nous. Puissé-je disparaître totalement, en ce moment, à vos yeux et à mes propres yeux, pour que s'opèrent en nous par Jésus, grâce à ce lavement des pieds, des transformations merveilleuses qui seront relatées, et que nous lirons avec étonnement et joie, au saint évangile éternel.

Je m'efface pour le laisser passer. Oui, que ce soit lui qui nous lave les pieds afin de nous affermir dans le chemin de la sainteté; qu'il purifie nos intentions; que le contact de ses lèvres nous enflamme du saint amour, nous donne de comprendre ce qu'il fait. Comprenons que si Notre-Seigneur s'est ainsi abaissé, il n'y a pas de rang, de titre, de valeur intellectuelle ou morale qui nous empêche de nous humilier.

Lavons à notre tour les pieds du Sauveur par les larmes de notre repentir. Agenouillons-nous à ses pieds, comme Marie-Madeleine, et pleurons en les baisant avec affection. Rendons-lui un peu ce qu'il fait pour nous purifier; *il s'abaisse:* abaissons-nous; il nous baigne dans son sang: baignons-le de nos larmes. Lui n'a pas besoin d'être purifié, mais cela nous purifiera: nous nous relèverons plus pures, plus blanches, plus fortes.

Lavons aussi de nos larmes les pieds salis de Jésus dans la personne des pauvres pécheurs: un chrétien étant un autre Christ, quand nous péchons, nous traînons dans la boue son image. Puis demandons au cœur de Jésus *l'esprit de charité* qui nous fera supporter les défauts des autres, qui nous fera douces et charitables dans nos paroles et dans nos actes.

Enfin, rendons grâce à notre doux Sauveur pour toutes les précieuses leçons qu'il nous donne dans cette scène si touchante du lavement des pieds. Prenons la résolution de ne laisser passer aucune occasion d'exercer envers nos frères ces belles et chères vertus d'*humilité* et de *charité*, pour l'amour de Jésus. Et apportons toujours à la table sainte la pureté la plus parfaite par respect pour la personne de Notre-Seigneur, par respect pour son saint corps et son précieux sang, et afin d'y être comblées des grâces de Jésus en attendant qu'il nous donne part à cette gloire éternelle dont la bonne communion est le gage.

Avant de terminer, écoutons Notre-Seigneur nous dire un mot de son cœur eucharistique: «Le cœur eucharistique que je vous ai donné au jeudi saint, et que je vous donne sans cesse à l'autel, est un cœur que la lance du soldat a ouvert sur la croix; et de cette ouverture coule sans cesse le précieux sang dans lequel viennent se laver les âmes désireuses de se purifier. C'est le lavement des pieds qui se poursuit, en quelque sorte, à travers les siècles. Sans cesse, mon cœur de chair est le bassin dans lequel je plonge les âmes; mon sang: l'eau purificatrice.»

Pendant la lecture qui terminera cette cérémonie, que la relation de l'institution de l'Eucharistie nous touche plus spécialement en ce jour anniversaire qui nous rappelle qu'il y a aujourd'hui plus de 1900 ans que Jésus, sous l'impulsion de son amour, sortait de son cœur son invention merveilleuse, son divin sacrement.

Assistons, avec le plus de foi possible, à la messe de la cène: celle que le Christ a dite seul. Voyons-le: quelle majesté!... Quel recueillement divin!... Quelle physionomie radieuse!... Quel regard céleste!... Des yeux qui plongent immédiatement dans le Père. Saisissons, sur ses lèvres qui s'ouvrent, la force de son amour; avec une douce émotion, entendons tomber pour la première fois les sublimes paroles de la consécration: «Ceci est mon corps, ceci est mon sang.» Le Verbe vient de parler! Ce n'est plus du pain qu'il tient en mains, c'est lui-même tout entier; et dans la coupe, son sang bouillant, brûlant d'amour, a pris la place du vin. Désormais, il est avec nous jusqu'à la consommation des siècles.

Voyons-le distribuer à ses apôtres, avec une joie qui illumine toute sa physionomie, cette nourriture divine. Essayons de comprendre ce qui se passe dans son cœur devenu, sous la poussée de son grand amour pour nous, eucharistique; dans son cœur passé en celui de ses chers apôtres. Et avançons-nous pour communier de ses propres mains. Dans une communion spirituelle fervente, que notre cœur s'épanche dans le cœur du Christ et lui chante le plus beau cantique de reconnaissance et d'amour, le plus beau chant d'action de grâce pour l'acte d'amour nous donnant l'Eucharistie-sacrement, l'Eucharistie-sacrifice. Et disons-lui, avec une ardeur accrue: «Cœur Eucharistique de Jésus, que votre règne arrive.» Puis perdons-nous en lui, dans ses louanges à la gloire de la Trinité.

26 mars 1959

TU COMPRENDRAS PLUS TARD

Aujourd'hui, partout dans l'Église, on revit les dernières heures de notre divin Maître ici-bas. C'est le jeudi que le Christ a sanctifié à jamais. Ô jeudi saint, si tu parles avec une douceur exceptionnelle à tout coeur vraiment chrétien, combien plus spécialement à nous, petites apôtres du Coeur Eucharistique, qui avons pour mission de faire connaître au monde l'acte d'amour suprême accompli ce jour-là, et pour idéal personnel de nous unir de la façon la plus étroite à cette vie eucharistique commencée du même coup. Oui, jour qui évoque à notre mémoire des manifestations d'amour, de la part de notre cher Sauveur, que nous ne pouvons contempler sans profonde émotion. Nous le voyons, et c'est toujours nouveau pour nos esprits et nos cœurs, entouré de ses apôtres en ce soir d'adieu. Sa physionomie paraît plus divine encore. Ses paroles ont un accent plus mystérieux. Ses gestes semblent plus suaves. Son regard brille d'un nouvel éclat: on dirait une seconde transfiguration. Les apôtres ont les yeux fixés, rivés sur lui; on y lit de la tendresse, de l'admiration, du respect, de l'inquiétude, sauf dans ceux du traître. L'atmosphère est enveloppée de mystère; les cœurs sont lourds, ça fait mal. Des interrogations flottent ici et là: «Qu'a le cher Maître? Que va-t-il se passer?»

Une scène incomparable, unique, à portée universelle va se dérouler sous leurs yeux; elle est précédée de gestes admirables de simplicité, de charité et d'humilité de la part de Notre-Seigneur, mais incompris à ce moment-là par les Douze. «Ce que je fais, dit-il à Pierre, tu ne le sais pas maintenant; *tu le comprendras plus tard.*»

Nous allons revivre, dans une méditation commune, le lavement des pieds, que nous considérerons sous trois aspects. Premièrement: vu par les apôtres au cénacle, le soir du jeudi saint. Deuxièmement: ce qu'il était dans l'esprit de Notre-Seigneur. Troisièmement: compris plus tard par les apôtres.

1. Vu par les apôtres au cénacle

La réaction de Pierre, ses paroles spontanées nous disent ce que fut aux yeux des apôtres le lavement des pieds. Ils virent en cela une simple coutume juive; mais ce qui les déconcerta, c'est que Jésus accomplit lui-même ce qu'ordinairement on confiait aux esclaves. Aimons à nous représenter Jésus prenant dans ses mains les pieds de Pierre et, successivement, ceux de tous ses apôtres. Ses mouvements semblent respectueux... Dans ses yeux, on lit la joie de rendre service et beaucoup d'autres sentiments que seul il pourrait nous traduire. Quel magnifique tableau! Cet Homme-Dieu devant qui tout genou fléchit au ciel et sur terre et dans les enfers, cet Homme-Dieu si beau, si auguste, si majestueux daigne s'abaisser ainsi devant le néant, le rien que nous sommes. Arrêtons-nous un instant, contemplons et tirons des conclusions pratiques.

Pierre, dont la foi profonde lui a déjà fait pousser, sous l'action de l'Esprit Saint, cette sublime exclamation: «Vous êtes le Christ, le Fils du Dieu vivant» (Mt 16, 16) ne peut supporter de voir son divin Maître à ses genoux, sur le parquet, habillé comme un esclave, un bassin d'eau en mains, un linge à la ceinture, et lui laver les pieds: des pieds sales, dégoûtants, pleins de boue. Lui qu'il avait vu accomplir des miracles par milliers! Lui qui, d'une parole, d'un geste, ouvrait les yeux à la lumière, les oreilles aux sons, déliait les langues muettes, redressait les membres perclus et même ressuscitait les morts! Lui qu'il avait vu entouré de foules considérables, suspendues à ses lèvres, ravies par ses paroles, par sa puissance, sa bonté, sa beauté conquérantes! Lui qu'il avait entendu parler avec une éloquence extraordinaire, comme jamais homme ne le fit! Lui qui a les paroles de la vie éternelle! Lui que tout un peuple en délire, il y a quelques jours à peine, acclamait, escortait triomphalement à son entrée dans la ville! Lui que, plus d'une fois, on a voulu couronner roi! Lui qu'il sait être le souverain Seigneur et Maître de toutes choses, lui, à ses genoux! Avec raison l'apôtre proteste, et avec quel accent: «Vous, Seigneur, me laver les pieds! Jamais!» Donc, aux yeux des apôtres, c'est clair: ce geste de Notre-Seigneur fut un acte inouï d'humilité, de charité; pas autre chose. Ils ne virent pas ce qui se passait alors dans l'esprit et dans le cœur du Christ.

2. Ce qu'était le lavement des pieds dans l'esprit de Notre-Seigneur

Essayons de pénétrer, au moins un peu, l'âme de Notre-Seigneur. Admirons sur ses traits les reflets de sa grandeur, de ses divins attributs et scrutons sa pensée.

Le lavement des pieds, pour lui, c'est une leçon de charité et d'humilité qu'il veut bien donner à ses Douze et laisser au monde. Mais c'est avant tout la purification de ses apôtres, en vue de leur première communion et de leur consécration épiscopale, qu'il veut signifier. Il voit ce que son grand amour pour nous le pousse à réaliser : dans quelques instants, par un acte de sa toute-puissance, il se cachera sous les apparences d'un pauvre petit pain, d'une minime quantité de vin. Ainsi, il établira en permanence sa présence au sein de l'humanité, il perpétuera jusqu'à la fin des temps son sacrifice du calvaire. C'est pourquoi il nous dira, avec un contentement plein de tendresse : « Voici que je suis avec vous jusqu'à la consommation des siècles » (Mt 28, 20).

Dans quelques instants, lui le Verbe de Dieu, lui la lumière et la vie du monde, lui tout entier, avec son corps, son sang, son âme et sa divinité, il se donnera à manger à ses Douze. Il se voit entrer dans ces cœurs bien préparés et aussi dans celui du traître ; car parmi ses Douze, parmi ses privilégiés qu'il a entourés du plus tendre amour, un le livre à ses ennemis, le vend pour quelques deniers. Ce disciple choisi, dans l'âme duquel il a jeté, comme dans celle des autres, à flots la lumière ; ce disciple pour lequel il s'est imposé tant de souffrances, de sacrifices, et avec lequel il a eu tant d'intimité, voici ce qu'il devient : un traître, un renégat. Jésus le regarde discrètement et dit avec tristesse: «Vous êtes purs, mais non pas tous.» Puis il regarde ses autres apôtres, eux qui, tout à l'heure, mangeront dignement avec lui le même pain eucharistique: son corps sacré, et boiront dignement à la même coupe que lui son précieux sang; eux à qui il communiquera en même temps la plénitude du sacerdoce, le pouvoir de changer le pain et le vin en son corps et en son sang, et le pouvoir de conférer le sacrement de l'ordre. Il regarde ses apôtres, dis-je; en eux il voit ses premiers communiants, ses premiers évêques, et avec quel respect il s'agenouille devant ces colonnes de son Église. Avec quelle vénération il presse dans ses mains les pieds de ses premiers missionnaires; avec quelle divine tendresse il les baise; avec quel soin il les lave, symbolisant ainsi ce qu'il opère dans leur âme qu'il rend pure et immaculée, avant de les revêtir des plus hautes dignités qu'un homme puisse recevoir ici-bas. Ses évêques, il les voit se multiplier. Il voit dans le lointain des âges de nombreuses cathédrales, des temples magnifiquement ornés, témoins de majestueuses consécrations épiscopales, de touchantes ordinations sacerdotales, dont la première, la plus sublime pourtant, s'opère en cachette, à tel point que les témoins eux-mêmes en ignorent la réalité: «Ce que je fais, tu ne le sais pas maintenant, mais *tu le comprendras plus tard.*»

3. Ce que les apôtres comprirent plus tard

Quand ils *comprirent* ce qui s'était passé en ce jeudi saint au soir, ils durent pleurer de joie, de reconnaissance et d'amour. Quand ils *comprirent* qu'ils furent les seuls à avoir communié directement des mains de Notre-Seigneur, les seuls à avoir vu le souverain Prêtre et Pontife consacrer, élever entre ciel et terre le calice du salut, les seuls à avoir reçu de Jésus lui-même, sans intermédiaire, la plénitude du sacerdoce, ils durent se sentir écrasés sous le poids des grâces reçues alors. Ils durent souffrir de n'avoir pas témoigné, à ce moment-là, leur reconnaissance à leur divin Maître. Quand, plus tard, ils absolvaient les fidèles, les purifiant pour le banquet eucharistique, ils devaient revivre cette scène et revoir, dans un souvenir toujours vivace et émouvant, Jésus leur laver les pieds et dire à Pierre: «Si je ne te lave, tu n'auras pas de part avec moi.» Ils devaient l'entendre leur dire: «Comprenez-vous ce que je viens de faire?» Ils devaient lui répondre dans l'intime de leur cœur: «Oui, Seigneur, *nous comprenons maintenant* que nous laver les pieds signifiait pour vous la purification que vous accomplissiez dans nos âmes en vue des grandes grâces que vous vous prépariez à déverser en elles. Oui, *nous comprenons maintenant* quelles œuvres d'amour sont sorties de votre cœur ce jour-là: l'institution de votre vie eucharistique et l'extension de votre être sacerdotal. Quelles merveilles!» Ils devaient en chanter et en chanter des cantiques, en célébrer et en célébrer des messes d'action de grâce!

Dans ce cénacle où se déroulèrent tant de merveilles, comme il fait bon de faire son pèlerinage! On ne peut y pénétrer sans en baiser en esprit les murs, témoins muets et insensibles de miracles inouïs; ces murs sur lesquels résonnèrent le verbe divin, les paroles créatrices: «Ceci est mon corps... Ceci est mon sang... Faites ceci en mémoire de moi», et le sublime discours après la cène. On ne peut y entrer sans en baiser le plancher sur lequel se posèrent les pieds du Sauveur, sans baiser avec respect les endroits où il s'agenouilla pour laver les pieds de ses apôtres, sans pleurer là où il lava ceux de Judas. On ne peut y entrer sans baiser avec émotion la table sur laquelle il déposa le pain et le vin et institua l'Eucharistie, l'endroit où il communia lui-même et fit son action de grâce. Oui, Jésus communia. C'est par cela que nous terminerons notre méditation.

Quelle joie de penser, cela d'après saint Jérôme et approuvé de saint Thomas[1], que la première hostie est descendue dans la poitrine même du Christ qui, avant de communier ses apôtres, s'est communié lui-même. Quelle communion! Un Dieu qui reçoit dans son cœur de chair, dans sa poitrine humaine, le Verbe incarné caché sous les saintes espèces! Communion parfaite, communion type, communion d'un Dieu à Dieu! Communion du Chef du corps mystique: en lui, c'était l'Église tout entière qui faisait sa première communion. Que c'est beau! Que c'est sublime! Quelle action de grâce dut suivre! Oui, le Christ rendit grâce à toute la Trinité et, au nom de son Église, à son Père, principe de tout bien, pour ce sacrement infiniment adorable. Il rendit grâce à sa divinité de Verbe pour cette merveilleuse invention. Il rendit grâce à leur commun Esprit d'amour pour cette consommation du divin sacrifice dans ses membres par la communion eucharistique.

En ce jeudi saint 1960, que cette dernière pensée soit le bouquet spirituel cueilli au parterre céleste; qu'il embaume notre communion sacramentelle, pendant laquelle nous nous offrirons en hosties d'adoration, de louange et d'amour, non seulement avec lui mais en lui, tel qu'il le fit lui-même au cénacle, le jeudi saint. Que notre chapelle soit de plus en plus pour nous ce cénacle où Jésus continue, comme au soir de sa vie, à consacrer le pain et le vin, maintenant par la bouche de ses prêtres; et à communier, non plus ses grands apôtres, les colonnes de l'Église, mais ses petites apôtres privilégiées qui veulent, par leurs humbles immolations, par leurs pauvres petits sacrifices, venir en aide à leur mère la sainte Église et amener toutes les âmes de la terre à chanter éternellement, avec le Cœur Eucharistique, son cantique de louange et d'amour à la gloire de la Trinité. Ainsi soit-il.

14 avril 1960

JE VOUS AI DONNÉ L'EXEMPLE

Mes bien chères enfants,

Un autre jeudi saint vient de se lever sur le monde, apportant avec lui des grâces et des bénédictions abondantes.

Pour une apôtre du Cœur Eucharistique, le jeudi saint, c'est le jour par excellence de la reconnaissance, de la joie et de l'amour; c'est le jour où son désir d'immolation s'intensifie, où elle supplie Notre-Seigneur, avec plus d'ardeur, de faire d'elle sa petite hostie de louange et d'action de grâce. Nos esprits et nos cœurs, remués de façon spéciale par le souvenir de l'institution du grand sacrement de nos autels, demeurent aujourd'hui, et plus recueillis que de coutume, au cénacle où Jésus, entouré de ses apôtres, vit les dernières heures de son existence sur la terre. Méditons quelques instants, pour mieux l'accomplir et en bien profiter, la cérémonie si touchante du lavement des pieds.

Voyons les apôtres autour de leur Maître... Lisons sur chaque physionomie l'admiration affectueuse. Lisons dans les yeux de Pierre l'amour ardent, dans ceux de Jean l'amour vierge, dans ceux de Jacques, d'André et des autres l'amour dévoué... Mais, hélas! lisons dans ceux de Judas, avec un serrement de cœur, l'hypocrisie, la ruse, la trahison.

Contemplons, de toute la ferveur de notre tendresse, notre cher Jésus s'apprêtant à présider, avec cette dignité exceptionnelle, le repas pascal qui commencera dans quelques instants. Mais auparavant, à la surprise de tous, voici qu'il se lève, quitte lentement sa place d'honneur, ôte son manteau de dessus, comme pour être plus libre, s'empare d'un linge qui est là, le met à sa ceinture... Qu'a-t-il l'intention de faire?... C'est la question que chacun se pose intérieurement sans oser l'extérioriser. Accoutré comme un serviteur – est-ce possible? – voici qu'il en accomplit bien simplement les actes: il verse de l'eau dans un bassin puis, bassin en mains, il s'approche de ses apôtres et s'agenouille dans la position de l'esclave. Rappelons-nous ici l'étonnement de Pierre, son opposition devant ce geste, sa réaction quand Notre-Seigneur le menace de lui faire perdre son amitié; quelle belle âme que celle de Pierre!... Puis tous, muets d'admiration, d'humilité, d'étonnement, regardent leur Maître qui, allant de l'un à l'autre, leur lave avec respect et leur baise avec tendresse les pieds, sans exclure ceux du traître. Que découvrent-ils à travers tant de condescendance, de simplicité, de modestie, de bonté?... Ils découvrent l'amour, et quel amour!... Ce lavement des pieds, fait avec tant de délicatesse et de soin, leur dit plus fort que jamais l'amour dont ils sont l'objet dans le cœur de leur Maître. Et comme ils en sont émus!...

Mais pourquoi un tel geste de la part de Notre-Seigneur? Écoutons-le lui-même en donner la raison: «Vous m'appelez Maître et Seigneur, et vous dites bien, car je le suis. Si donc je vous ai lavé les pieds, moi le Seigneur et le Maître, vous aussi vous devez vous laver les pieds les uns aux autres. *Je vous ai donné l'exemple*, pour que vous agissiez comme j'ai agi envers vous. En vérité, en vérité, je vous le dis, l'esclave n'est pas plus grand que son maître, ni l'envoyé plus grand que celui qui l'envoie. Sachant cela, heureux serez-vous, si vous le faites. »

Que de personnes ont lavé les pieds de leurs semblables depuis le commencement du monde! Ce n'est pas là un fait unique! Que de mamans par exemple ont lavé les pieds de leur petit; que d'esclaves, ceux de leur maître; que d'enfants, ceux de leurs parents malades ou invalides; que d'infirmiers ou d'infirmières, ceux de leurs patients, sans que ce soit pour cela une leçon, un exemple. Mais si, sans y être obligé ni par une coutume ni par un rôle, une fonction, on rend ce service, ce geste ne sera jamais oublié par ceux qui en auront été les témoins, surtout s'il est plein de tendresse, de bonté, de condescendance; surtout s'il est accompli par un personnage de marque vis-à-vis d'un petit.

Que dire alors de la puissance de *l'exemple donné par le Christ?* Lui le plus grand, lui le Maître, lui le Seigneur se comporte comme le dernier... Jamais les apôtres ne l'ont vu s'abaisser autant... Jamais lavement des pieds ne leur parut plus sublime! Quelque basse et peu importante que soit en elle-même cette action, combien nous semble-t-elle, à nous aussi, admirable, quand nous songeons qu'elle a été accomplie par le Fils de Dieu même! Depuis que Jésus, le Fils du Très-Haut, le souverain Maître du ciel et de la terre, s'est humilié, s'est mis aux pieds de ses apôtres, qui oserait revendiquer sa naissance, son rang, ses titres pour refuser de rendre service? Depuis que Jésus, le Roi des rois, s'est ainsi abaissé, aucune dignité n'empêche quelqu'un de se pencher avec tendresse sur ses frères pour les soulager et les aider. Depuis que le Fils de Dieu n'a pas trouvé indigne de sa personne de remplir un office réservé aux esclaves, peut-il être question de charges avilissantes, d'emplois dégradants? Mettons-nous bien en face du mystère initial du Christ: en lui deux natures et une seule personne, celle du Verbe de Dieu; un homme, oui, mais un Homme-Dieu! Dans cet acte sublime d'abaissement, Notre-Seigneur n'a-t-il pas voulu nous montrer que devant Dieu tous les hommes sont égaux, voire même l'homme par excellence qu'il est lui-même?

Tout ce qu'il nous a enseigné, il l'a fait. Il nous a parlé de pauvreté: il est né dans une crèche, il a gagné péniblement son pain; durant sa vie publique, il n'avait pas une pierre où reposer sa tête; et il est mort dénué de tout sur une croix. Il nous a prêché la prière, le jeûne, le travail, l'apostolat, surtout l'humilité et la charité, et *il nous en a donné l'exemple.* Peut-être que les multiples actes de sa vie publique auraient passé presque inaperçus si Notre-Seigneur n'avait pas attiré notre attention par un acte auquel personne n'aurait pu s'attendre: le Maître qui tient lieu d'esclave, qui prend la place du serviteur.

Si Notre-Seigneur n'avait fait que nous dire, en répondant à Pierre, qu'il faut pardonner septante fois sept fois, nous aurait-il amenés à pardonner à nos ennemis comme il le fit en lavant avec douceur les pieds du traître, lui signifiant ainsi que, malgré tout, il lui conservait son amitié? Pouvait-il mieux nous concrétiser cette doctrine, cette leçon, qu'en l'appelant «mon ami», au moment où ce Judas lui donnait le baiser de la trahison? qu'en regardant avec bonté Pierre qui l'avait renié trois fois? qu'en suppliant son Père de pardonner à ses bourreaux? *Quelle valeur sa vie donne à ses enseignements!...* Il nous parle d'amour du prochain, d'humilité: aurions-nous bien compris si nous ne l'avions vu, lui, le Maître, aux pieds de ses apôtres? Aurions-nous bien compris le dévouement, la délicatesse dans la charité, si nous n'avions vu Notre-Seigneur leur laver les pieds? «Aimez vos ennemis, faites du bien à ceux qui vous font du mal... Je suis doux et humble... Je suis venu non pour être servi, mais pour servir.» Ce ne sont pas seulement des paroles, ce ne sont pas que de belles pensées, de bons sentiments; c'est du vécu: ses actes le prouvent.

Notre-Seigneur montre ainsi la force du bon exemple: nos actions, bien plus que nos paroles, sont les véhicules de la grâce pour autrui. Nos actions, bien plus que nos paroles, sont des haut-parleurs par lesquels le Christ transmet ses enseignements. Nos actions, bien mieux que nos paroles, illustrent l'Évangile. *Les Actes des Apôtres* ne nous disent-ils pas de Notre-Seigneur: «Il a passé en faisant le bien» (Ac 10, 38)? L'enseignement qui n'a pas d'actes à l'appui est stérile. Voulons-nous être apôtres? Agissons plus que nous ne parlons. Voulons-nous incliner les autres à la vertu? Posons-en des actes. Nos paroles seront vivantes et vivifiantes dans la mesure où elles seront le fruit d'une expérience personnelle, dans la mesure où elles seront appuyées par nos propres actions.

Notre-Seigneur s'abaisse pour nous élever. Il se fait petit pour nous grandir. Il lave les pieds de ses apôtres avant de les consacrer évêques. Ne nous enseigne-t-il pas à nous diminuer pour grandir les autres? à nous humilier pour élever les autres? à cacher nos qualités pour faire paraître celles des autres? à voiler nos succès pour faire briller ceux des autres? Il lave les pieds à tous, même à Judas; ne nous apprend-il pas ainsi que la vraie charité n'exclut personne de son cœur..., de sa sollicitude, de son dévouement..., de sa tendresse, de sa bonté? Avons-nous imité Notre-Seigneur s'abaissant jusqu'à laver les pieds de ses apôtres, c'est-à-dire: nous sommes-nous humiliées par charité? Sinon, nous n'avons pas obéi au Christ, nous ne sommes pas de vraies chrétiennes. Si nous ne nous sommes jamais mises aux pieds de nos semblables, si nous ne rendons jamais de services qui humilient, qui semblent être un renversement, un manque de respect à notre rang, à notre honneur, à notre titre, à notre instruction, à notre valeur sociale, à notre personnalité, que sais-je? nous n'avons pas compris la leçon du jeudi saint.

Quand l'exercice de la charité nous coûte, revenons par la pensée au cénacle et baignons nos yeux dans cette scène bienfaisante du lavement des pieds. Que la vision de Jésus à genoux par terre, lavant avec tendresse les pieds de ses apôtres: ceux de Pierre aussi bien que de Jean, ceux de Judas aussi bien que des autres, nous invite, nous stimule à beaucoup d'humilité, à une grande charité. Que cette vision nous poursuive: qu'elle soit toujours là dans notre mémoire, comme un rappel à la pratique des vertus chrétiennes.

Notre-Seigneur promet le bonheur à quiconque suit *son exemple*. Le bonheur!... c'est l'oiseau rare que tous cherchent à attraper, c'est le but vers lequel tous tendent. Eh bien! humilité, charité et bonheur sont inséparables...; c'est Notre-Seigneur qui nous le dit avant de nous quitter et après avoir lavé les pieds aux Douze: «Vous serez heureux si vous le faites.» Se mettre à la dernière place et quitter toute ambition orgueilleuse, tout besoin de dominer, de briller; rendre les services les plus humbles à tous, modestement, avec joie et spontanéité: voilà le bonheur!

Exprimons à Notre-Seigneur le désir ardent de nous pénétrer toujours plus de son esprit et de répondre généreusement, et en toute circonstance, à cette demande qu'il nous fit en ce soir d'adieu: celle de l'imiter.

Puisse cette cérémonie que nous allons maintenant accomplir nous obtenir les grâces de purification, de transformation, de lumière sur notre rôle d'hosties d'adoration, d'action de grâce, de louange et d'amour. Qu'elle nous donne de mieux comprendre notre vocation, de l'apprécier davantage, d'y être fidèles jusqu'à notre dernier souffle; de remercier Notre-Seigneur de bien vouloir nous compter au nombre de ces âmes privilégiées, de ces âmes hosties qu'il entrevoyait, dans le lointain des siècles, au moment où, de son cœur tout brûlant, tout palpitant, sortait cette merveille d'amour qu'est le sacrement de l'Eucharistie.

Que cette cérémonie nous prépare à assister au saint sacrifice de la messe et à communier dans des sentiments nouveaux. Tout à l'heure, quand les puissantes paroles de la consécration tomberont des lèvres du prêtre, demandons à Notre-Seigneur de nous identifier à lui de telle sorte qu'il puisse dire sur nos vies déposées sur la patène: «Ceci est mon corps, ceci est mon sang»; et qu'alors soient offertes au Père, perdues dans la grande hostie, autant de petites hosties qu'il y a de Dominicaines Missionnaires Adoratrices. Cela, pour l'extension du règne du Cœur Eucharistique, à la louange et à la gloire de la Trinité. Ainsi soit-il!

30 mars 1961

AMOUR ET GLOIRE À LA TRINITÉ

Mes chères enfants,

Une table, une coupe de vin, un morceau de pain, un prêtre, des paroles mystérieuses: c'est autour de cela que gravite tout le culte chrétien... Pourquoi? Parce qu'un jour, il y a tout près de 2000 ans, la veille du grand drame de la passion, Jésus voulut donner à ses apôtres un suprême témoignage d'amour. Il ne lui suffisait pas de verser sur la croix, le lendemain, son sang jusqu'à la dernière goutte; il voulut de plus le répandre de façon mystique et, ce sacrifice, en garantir la perpétuité jusqu'à la fin du monde. «Il prit du pain, le bénit, le rompit et le donna à ses disciples en disant: 'Prenez et mangez, ceci est mon corps'. Puis il prit une coupe, rendit grâce et la leur donna en disant: 'Buvez-en tous; car ceci est mon sang, le sang de l'alliance, qui va être répandu en rémission des péchés'.» Pourquoi tout le culte chrétien gravite-t-il autour de nos autels? Parce que, ce même jour, le Christ a communiqué à ses apôtres, et par eux à leurs successeurs, ce pouvoir formidable de changer le pain et le vin en sa chair et en son sang.

Le jeudi saint, c'est le jour qui vit naître cette souveraine invention d'amour, par laquelle Jésus nous livre son cœur avec tous les trésors qu'il renferme; c'est le jour béni où commença la célébration de nos saints mystères, par lesquels la Sainte Trinité reçoit sans cesse l'honneur, la gloire, l'adoration égale à sa grandeur, le culte digne de sa majesté.

L'Incarnation rédemptrice y trouve là son couronnement, et la Trinité adorable, une glorification parfaite et ininterrompue. L'Incarnation rédemptrice, son couronnement: depuis le jeudi saint, le Verbe fait chair est pour toujours au milieu des hommes et il y multiplie sa présence; la divine Victime perpétue son sacrifice partout où un prêtre prononce les paroles qui ont résonné, pour la première fois, dans les murs du cénacle de Jérusalem. Le Christ pénètre en nous par la sainte communion et s'unit nos âmes de la façon la plus intime. L'Eucharistie est bien la plus touchante manifestation de l'incompréhensible amour de Notre-Seigneur pour les hommes! Jésus prolongeant sa présence au milieu de nous; Jésus perpétuant à jamais son sacrifice où, sans cesse anéanti à notre place, il laisse jaillir de son cœur, devenu eucharistique, l'hymne de l'adoration qui convient à Dieu; Jésus se donnant à nous tout entier dans la plus intime des communions...: peut-on trouver une plus forte expression d'amour? L'Eucharistie, c'est le Verbe, la Sagesse éternelle, la Splendeur du Père; c'est Jésus nous donnant son cœur à jamais palpitant pour nous unir étroitement à lui et pour nous unir les uns aux autres, afin de constituer son corps mystique pour qu'en lui, notre Chef, avec lui et par lui, ensemble nous chantions la gloire des Trois. *Amour et gloire à la Trinité, par le Cœur Eucharistique!...*

Amour et gloire au Père, par le Cœur Eucharistique

Regardons-le, ce Fils de Dieu, égal en tout à son Père et en même temps l'un de nous, lever vers le ciel, dans ses mains suppliantes, tantôt le pain, tantôt le vin: «Père saint, vous n'avez pas voulu des holocaustes; voici mon propre corps, voici mon propre sang qui, chaque jour désormais et jusqu'à la fin des siècles, vous seront offerts.» Ce qu'il tient ainsi entre ciel et terre, c'est la Victime pure, sainte et immaculée entrevue longtemps d'avance par les prophètes, symbolisée par les offrandes d'Abel, de Melchisédech; c'est la seule Victime digne d'être offerte à Dieu: Victime qui s'immole elle-même et procure au Père une gloire infinie. Regardons, avec une pieuse admiration, Notre-Seigneur devenant Eucharistie s'abîmer dans l'adoration, bénir et rendre grâce à son Père; et du fond de notre cœur, en ce jour à jamais mémorable, faisons monter vers le Père, avec une ferveur de jeudi saint, notre cri de louange répété si souvent tous les jours: *Amour et gloire, par le Coeur Eucharistique.*

Amour et gloire au Fils, par le Cœur Eucharistique

Parcourons la terre et comptons, si nous le pouvons, toutes les églises, toutes les chapelles, tous les sanctuaires, et pénétrons à l'intérieur au moment du saint sacrifice. Voyons-y, agenouillés dans l'adoration, des gens de toute classe, depuis le plus grand roi jusqu'au plus humble paysan; des gens de tout âge, depuis le vieillard aux cheveux blancs jusqu'au tout-petit qui communie pour la première fois. Écoutons le *Sanctus* triomphal accompagné si souvent de grandioses démonstrations. Celui qu'on chante ainsi, c'est le Dieu de l'Eucharistie; et le Dieu de l'Eucharistie, c'est le Verbe divin, la deuxième Personne de la Sainte Trinité. À ce moment solennel, Notre-Seigneur, l'un de nous par sa nature humaine, notre Chef, s'empare de nos louanges, les fait siennes et, comme Dieu, il leur donne une valeur infinie: il glorifie en lui-même le Verbe se faisant hostie par amour, il l'adore s'immolant sur l'autel, il le glorifie dans le cœur de l'homme au moment de la communion.

Ajoutons, au saint sacrifice, toutes nos autres cérémonies religieuses: heures saintes, processions du Saint Sacrement, du Sacré-Cœur, consécrations épiscopales, ordinations sacerdotales, professions religieuses, *etc.* Comme elle est immense la gloire que reçoit, grâce à l'Eucharistie, la deuxième Personne de la Sainte Trinité! Du fond de notre cœur, en ce jour à jamais mémorable, adressons au Fils, avec une ferveur de jeudi saint, notre cri de louange: *Amour et gloire, par le Cœur Eucharistique.*

Amour et gloire au Saint Esprit, par le Cœur Eucharistique

Notre-Seigneur n'agit que sous l'impulsion de l'Esprit d'amour. C'est en lui et par lui qu'il aime son Père; c'est en lui et par lui qu'il nous aime. À la cène, au moment du don suprême, et à l'autel où il le renouvelle, c'est l'Amour subsistant du Père et du Fils qui inspire le Christ, anime et réchauffe ses puissantes paroles qui réalisent ce qu'elles signifient: qui changent le pain et le vin au corps et au sang de Notre-Seigneur. C'est le Verbe incarné, spirant l'Amour avec le Père, qui s'immole et opère le miracle de la transsubstantiation. Si, dans l'Incarnation, le Verbe s'est fait chair sous l'action de l'Esprit Saint, ainsi en est-il de son chef-d'œuvre d'amour qu'au jeudi saint il nous lègue: c'est l'Esprit Saint qui féconde de son souffle les paroles consécratrices. Louer ce chef-d'œuvre, c'est louer du même coup et le Verbe et le

Saint Esprit. Adressons donc au Saint Esprit, avec une ferveur de jeudi saint, notre cri de louange: *Amour et gloire, par le Cœur Eucharistique.*

Faites ceci en mémoire de moi

Après la consécration, Jésus ajoute: «Faites ceci en mémoire de moi.» Par ces paroles, Notre-Seigneur, sans aucun doute, institue le sacerdoce chrétien et consacre ses premiers évêques. Tout de même, n'y aurait-il pas lieu de penser que ces paroles renferment une invitation spéciale à tous les chrétiens de l'avenir: invitation à participer de façon active à son sacrifice, à son acte d'amour, à son immolation? Non pas à la transsubstantiation, il va sans dire, laquelle exige le pouvoir sacerdotal et, par le fait même, n'est réservée qu'aux prêtres. Mais par notre baptême, ne sommes-nous pas incorporés au Christ et n'entrons-nous pas dans le culte qu'il rend à son Père et à toute la Trinité: «Eux en moi et moi en eux»?

Pour remplir efficacement ce rôle, il faut une préparation. À la messe de Notre-Seigneur au jeudi saint, il y a un préambule, il y a l'avant-cène: «Jésus se lève de table, nous dit saint Jean, quitte son manteau, et prenant un linge, il s'en ceignit. Puis il verse de l'eau dans un bassin et il se mit à laver les pieds de ses disciples et à les essuyer avec le linge dont il était ceint.» Cette scène est symbolique; Notre-Seigneur nous donne là une leçon: «Si donc je vous ai lavé les pieds, moi le Seigneur et le Maître, vous aussi vous devez vous laver les pieds les uns aux autres. Je vous ai donné l'exemple, pour que vous agissiez comme j'ai agi envers vous.» Lui n'avait pas à se purifier: il est la sainteté même! Mais à nous, il enseigne qu'avant de nous agenouiller au pied de l'autel, il faut savoir nous mettre aux pieds de nos semblables. «Si au moment de présenter ton offrande...» (Mt 5, 23).

Il nous enseigne que nos mains, pour participer à l'offrande du Christ, doivent être des mains qui servent; que nos cœurs, pour s'unir au sacrifice du Christ, doivent être des cœurs qui aiment le prochain. L'humilité et la charité sont les vertus requises pour entrer dans le cœur eucharistique de Jésus et participer au culte d'adoration et d'amour qu'il rend à son Père et à toute la Trinité.

Il nous enseigne qu'avant de goûter aux douceurs de la communion, avant de s'appuyer sur la poitrine du Maître, il faut s'être penché avec tendresse sur ses semblables pour les secourir dans leurs besoins; car le véritable amour appelle l'abaissement, et lui-même nous en a donné des exemples sans pareils.

Que nos préférences aillent donc vers le pauvre, le miséreux, celui qui a le plus besoin. Que dans notre apostolat, nous allions vers les régions les plus dépourvues et embrassions les œuvres les moins attirantes pour la nature. Dans cette perspective, c'est avec joie que, cette année, je laverai et baiserai les pieds des futures missionnaires qui s'envoleront dans quelques mois vers le Pérou: «une des contrées les plus nécessiteuses du monde», m'écrivait monseigneur Carboni, nonce apostolique de Lima. Mon cœur tressaille d'une allégresse singulière en ce jeudi saint 1962.

Puisse le geste de votre mère vous attirer, chères missionnaires, des grâces abondantes de courage et de vertus apostoliques.

Qu'en chacune de nous se gravent les gestes et les paroles de Notre-Seigneur au jeudi saint; qu'ils se gravent non seulement en notre mémoire mais surtout en notre vie, par une participation toujours plus étroite à son état d'hostie, pour chanter avec toujours plus de sincérité: *Amour et gloire à la Trinité, par le Cœur Eucharistique.*

En guise de conclusion, formons le désir d'une dévotion universelle au Cœur Eucharistique, désir que nous répéterons aujourd'hui pendant notre action de grâce. Ces belles paroles du psaume 22 me servent de prière, je vous les transmets:

De vous me vient la louange dans la grande assemblée,
J'accomplirai mes voeux en présence de ceux qui le craignent.
Les pauvres mangeront à satiété;
Ceux qui cherchent le Seigneur le loueront:
« Que vos coeurs vivent à jamais. »
Tous les peuples de la terre, à ce souvenir,
Se retourneront vers le Seigneur.
Et toutes les familles des nations
Se prosterneront devant lui.
Parce que la royauté appartient au Seigneur,
Et qu'il domine sur les nations.
Tous ceux qui dorment dans le sein de la terre l'adoreront;
Tous ceux qui descendent dans la poussière se prosterneront devant lui.
Et mon âme vivra pour lui, et ma postérité le servira.
Elle parlera du Seigneur à la génération future
Et proclamera sa justice au peuple qui va naître :
« Voilà tout ce qu'a fait le Seigneur. »

19 avril 1962

DU LAVEMENT DES PIEDS
À L'INSTITUTION DE L'EUCHARISTIE

Ensemble, chères enfants, revivons avec une ferveur nouvelle le jeudi saint.

Jeudi saint: l'aurore de l'Eucharistie! L'aurore de la messe, du sacerdoce, de la communion! Quand on songe à tout ce qui s'est passé ce jour-là, tout en nous vibre, tressaille...; le cœur se gonfle..., la parole manque..., et pourtant on veut dire, on veut bien dire, on veut remercier, on veut louer, on veut chanter...

Soirée céleste qui vit notre divin Sauveur, dans les murs du cénacle, donner au monde son cœur eucharistique, et l'entendit y enregistrer des paroles mystérieuses dont les siècles ne parviennent pas à pénétrer tout le sens.

Soirée émouvante qui le regarda aux pieds de ses apôtres, posant un geste d'humilité et de charité fraternelle qui étonne et édifie les générations qui passent.

Soirée merveilleuse qui le contempla, entouré de ses Douze, à table, multipliant les miracles. Soirée inoubliable qui l'immortalisa, en quelque sorte, rayonnant de lumière, les yeux tournés vers le ciel, rompant en ses mains le pain qui le voile, ou élevant le calice où bouillonne son sang.

Deux scènes dominent ce jour: le lavement des pieds et l'institution de l'Eucharistie qui comprend, à elle seule, l'institution du sacrifice de nos autels, du sacerdoce et de la communion.

Jamais je n'ai vu comme aujourd'hui, la sublimité de ces deux actes de Notre-Seigneur qui sanctifient et enveloppent de mystère ce jour que tout vrai catholique nomme, avec plus ou moins d'émotion, le «jeudi saint», et que toute Dominicaine Missionnaire Adoratrice voit revivre en nos sanctuaires, qui sont pour elle le prolongement du cénacle de Jérusalem au cours des siècles.

Jamais je n'ai vu comme aujourd'hui, comment l'emporte, objectivement parlant, l'acte d'amour de Notre-Seigneur nous donnant l'Eucharistie, sur son tendre geste lavant les pieds de ses apôtres. Je dis: objectivement parlant, car, quant à Notre-Seigneur, tous ses actes ont une valeur infinie. Aucune comparaison n'est donc possible. Mais, quant au fait extérieur et à ses conséquences, l'institution de l'Eucharistie est le grand soleil du jeudi saint, tandis que le lavement des pieds n'en est, pourrait-on dire, qu'un simple rayon.

Le lavement des pieds est un acte touchant d'humilité et de charité fraternelle. L'institution de l'Eucharistie est un acte incomparable d'humilité et de charité fraternelle.

D'un côté, le Christ *s'humilie;* de l'autre, il *s'anéantit.* D'un côté, l'amour *donne;* de l'autre, il *se donne.*

Le lavement des pieds: quel acte d'humilité!...

Le voyons-nous, lui, Jésus, le Fils de Dieu aux pieds des enfants des hommes; lui, le Créateur du ciel et de la terre aux pieds de ses créatures; lui, le Roi universel aux pieds de ses sujets; lui, le souverain Maître aux pieds de ses serviteurs; lui, la Sainteté même aux pieds des pécheurs!... Quel abaissement!... Nous comprenons la surprise et la réaction de Pierre. Nous comprenons ses impulsives paroles d'opposition: «Seigneur, c'est toi qui me laves les pieds! Non, tu ne me laveras pas les pieds. Jamais!»

Laver des pieds, c'est dégoûtant, même quand ils sont propres. Que dire quand ce sont des pieds qui ont parcouru les chemins boueux et sans entretien d'une Palestine antique où les animaux circulaient autant que les hommes?

Cet acte qui saisit les apôtres et nous renverse nous-mêmes, à vingt siècles de distance, n'est rien comparé à l'acte de l'institution de l'Eucharistie, où Jésus pousse l'humilité jusqu'à l'anéantissement.

Il a beau se mettre à genoux sur le parquet et laver les pieds de ses apôtres, il ne disparaît pas à leurs yeux; il ne peut effacer la noblesse de son front, la dignité de sa Personne; il ne peut étouffer la chaleur de sa voix, éclipser l'éclat de son regard, cacher la grâce de ses gestes. Il voile sa divinité, mais il ne peut dissimuler la transcendance de son humanité.

Si dans le lavement des pieds il efface sa divinité, dans l'Eucharistie il efface jusqu'à son humanité... C'est l'effacement total...: il n'y a plus rien qui frappe les sens. Pour laver les pieds de ses apôtres, il dépouille son corps de son manteau de dessus; pour se faire Eucharistie, il dépouille sa substance du manteau de ses accidents et l'enveloppe des pauvres accidents du pain. Et l'hostie qui localise, aux yeux de la foi, la présence du divin Maître, n'offre aux sens que les apparences de la nourriture la plus commune:

celle qu'on trouve sur toutes les tables et qu'on donne facilement à l'affamé. L'hostie n'offre aux sens que les apparences d'un tout petit morceau de pain, si fragile, si léger, que le moindre souffle peut emporter, qu'un peu de salive a tôt fait d'assimiler.

Quand je vois Notre-Seigneur à genoux devant un homme, lui lavant les pieds, je ne puis que m'anéantir dans l'admiration; mais quand je vois cette divine Majesté se faire nourriture, j'en suis toute bouleversée. Non, je n'ai jamais compris comme aujourd'hui, comment le lavement des pieds, qui frappe nos sens, saisit notre imagination, déconcerte notre raison et remue notre cœur, n'est rien en comparaison de l'anéantissement de l'Homme-Dieu dans l'hostie.

Le lavement des pieds:
quel acte de charité fraternelle!...

Acte touchant et émouvant par lequel Jésus rend à ses apôtres un service qu'on ne confiait ordinairement qu'aux esclaves: il nettoie et rafraîchit leurs pieds salis et fatigués par la marche. Acte par lequel il leur manifeste, dans un contact sensible, sa sollicitude, sa tendresse, son amour.

Pieds privilégiés que ceux qui ont été ainsi touchés par les mains du Christ, par les mains de celui qui les a façonnés, par les mains de celui qui fortifie, purifie, ennoblit tout ce qu'il touche... Mais ce contact si prenant, si bienfaisant soit-il, n'est rien quand on le compare à celui que nous donne la communion eucharistique, laquelle est une compénétration: «Lui en moi, moi en lui... Celui qui mange ma chair et boit mon sang demeure en moi et moi en lui» (Jn 6, 56).

Le lavement des pieds est une délicatesse inouïe de la part de Jésus; l'institution de l'Eucharistie renferme toute délicatesse. Dans le lavement des pieds, le contact avec lui est un contact par le dehors; mais dans la communion eucharistique, le contact se fait par le dedans. Au lavement des pieds, il se penche sur les pieds de ses apôtres, il les purifie, les presse avec bonté, les baise avec affection; dans la communion, il se penche si profondément en nous qu'il atteint le fond de notre être, le purifie et se l'unit de la façon la plus étroite.

Lavement des pieds: contact physique avec les accidents du Christ; contact sensible: par ce contact, les âmes se frôlent, c'est sûr, et la divinité agit, mais au moyen des sens. Communion eucharistique: contact physique avec la substance du Verbe incarné; contact non sensible, qui dépasse la partie inférieure de notre être et rejoint l'insaisissable en nous: contact que seule l'âme vivifiée par la grâce sanctifiante peut recevoir efficacement. En venant en nous, il nous nourrit de sa substance et nous assimile à sa Personne: c'est le contact le plus intime qu'il nous soit possible d'avoir ici-bas.

Le lavement des pieds est une action de Jésus au moyen de laquelle il purifie la chair et communique son Esprit. Dans la communion eucharistique, nous ne subissons pas seulement son action mais nous le possédons: il est en nous substantiellement et personnellement présent; il agit au plus intime de notre être pour nous diviniser et nous entraîner au sein même de la Trinité.

Quelque admirable que soit Jésus s'approchant tout près de chacun de ses apôtres pour leur laver les pieds, il l'est et combien plus dans l'Eucharistie, car il s'approche davantage de l'homme par la communion:

il le touche plus tendrement, le baise plus amoureusement, le purifie plus profondément, se l'unit plus étroitement. L'union eucharistique s'apparente à celle de Jésus avec son Père: «Moi, je vis par le Père; de même celui qui me mange vivra, lui aussi, par moi» (Jn 6, 57).

Le lavement des pieds est un fait isolé qui se situe à un moment de l'histoire; fait que nous pouvons, sans doute, reconstituer avec tous ses détails et dérouler comme un film captivant, dans notre mémoire, grâce à l'Évangile. Oh!... baisons avec des effusions de tendre reconnaissance ce livre de vie. Mais, tout de même, si nous n'avions que l'Évangile, il manquerait beaucoup à notre bonheur: un sentiment de solitude, voire même d'abandon, se ferait sentir. Grâce à l'acte d'amour merveilleux posé le jeudi saint, nous avons plus que le récit de la vie de Notre-Seigneur: nous avons la présence réelle et permanente de Jésus au milieu de nous; de Jésus qui s'épanche encore, et avec la même tendresse, dans le cœur de ses apôtres: ceux du XXe siècle; de Jésus qui les communie tout comme il communia ses Douze. Là notre cœur se repose sur le sien, comme celui de Jean, le bien-aimé; là il nous fait goûter à la joie d'étreindre le Père, de l'embrasser en son propre Fils, le Verbe incarné.

Non, je n'ai jamais saisi comme aujourd'hui, comment le lavement des pieds: ce témoignage d'affection, d'admirable dévouement, de tendre sollicitude de la part de Notre-Seigneur, est dépassé infiniment par son acte d'amour nous donnant l'Eucharistie.

Le lavement des pieds: quel don!...

Le lavement des pieds: quel don!... *Don de l'exemple:* «Je vous ai donné l'exemple, dit Notre-Seigneur, c'est-à-dire: j'ai posé devant vous une action sur laquelle vous devez calquer les vôtres.» Il est le divin Modèle, nous devons l'imiter. Cet exemple, c'est en tout qu'il nous l'a donné: chaque page, chaque mot de l'Évangile est une prédication, un miroir vivant qui réfléchit le divin Modèle. Mais au lavement des pieds il précise, il attire l'attention, il agit spécialement dans ce but. Ce qu'il nous donne, avec humilité et amour, dans cet acte, il nous le dit lui-même, c'est l'exemple et une *grâce d'imitation:* «Je vous ai donné l'exemple pour que vous agissiez comme j'ai agi envers vous.»

L'institution de l'Eucharistie: don suprême! «Prenez et mangez, ceci est mon corps.» Ici, il se donne lui-même avec tout son être. En mangeant l'hostie nous mangeons son cœur, le principe d'amour toujours en acte, nous avons en nous la source de la grâce.

Au lavement des pieds, *l'amour donne; dans l'institution de l'Eucharistie, l'amour se donne.* Notre-Seigneur ne peut donner davantage: c'est l'amour poussé à l'extrême, *in finem,* puisque c'est le don de tout lui-même; c'est le don de son sacrifice suprême, de sa mort sur la croix, de sa vie divine et humaine, de son cœur avec toutes ses richesses, et à tous ceux qui s'en approchent avec ferveur.

Du lavement des pieds découle, je le répète, une grâce d'imitation. Le divin Modèle agit devant nos yeux et indirectement il agit sur notre âme et modifie notre façon de penser et d'agir.

De l'institution de l'Eucharistie découle, par la communion, une grâce d'identification: le divin Maître agit lui-même, par sa présence substantielle, dans l'âme du communiant. Il nous greffe sur sa substance divine, nous fait boire à cette sève qui entretient et augmente en nous la vie surnaturelle.

Non, jamais je n'ai vu, jamais je n'ai compris, jamais je n'ai saisi comme aujourd'hui, comment tout ce que Jésus nous a donné, voire même son Évangile, dont chaque mot, qui est esprit et vie, le porte et, par la foi, le transporte en nos esprits et en nos cœurs, est dépassé par le don de son Eucharistie! C'est le don suprême!... Don de la présence réelle multipliée partout sur la terre et autant de fois qu'il y a d'hosties consacrées... Don du sacerdoce qui perpétue cette présence, qui la maintient et la maintiendra jusqu'à la consommation des siècles... Don du sacrifice du calvaire sans cesse renouvelé... Don de la communion, par laquelle il pénètre jusqu'à l'intime de chaque communiant, où deux substances humaines se rencontrent et se baisent et où, par l'âme du Christ, notre personne s'unit à la Personne du Verbe, est jetée en elle et par elle dans la substance de Dieu pour jouir, dans la foi, des relations trinitaires de connaissance et d'amour et posséder déjà sur terre la béatitude sans fin. «Celui qui mange ma chair et boit mon sang a la vie éternelle» (Jn 6, 54).

Non, jamais je n'ai vu, jamais je n'ai compris, jamais je n'ai saisi comme en ce jeudi saint 1963, la transcendance et l'immanence de *l'acte d'amour de Notre-Seigneur nous donnant l'Eucharistie.*

Je demande au Cœur Eucharistique qu'en cette impressionnante cérémonie du lavement des pieds, que nous allons maintenant reproduire, mes mains et mes lèvres soient, pour mes chères filles, le véhicule de ses grâces, tant pour vous ici présentes que pour nos chères missionnaires de l'Ouest et du Sud qui, d'esprit et de cœur, sont à n'en pas douter au milieu de nous.

11 avril 1963

UNE PURIFICATION
ET UNE GRÂCE D'IMITATION

Mes chères enfants,

Au calendrier liturgique apparaît de nouveau l'immortel jeudi saint, particulièrement cher à l'âme dominicaine missionnaire adoratrice, puisqu'il est le centre de sa vie.

Dans le recueillement, dans le silence, dans la contemplation, dans l'amour et dans l'allégresse, passons ces heures où notre mère la sainte Église projette sur l'écran de notre imagination une des plus touchantes pages de la vie de Notre-Seigneur: page où toutes les autres se concentrent et qui les synthétise admirablement.

Si la parole est le véhicule de la pensée, si les yeux sont le miroir de l'âme, la voix, le regard et les gestes sont l'expression du cœur. Donc, entendre dans la foi la parole du Maître et découvrir sa pensée, se mirer dans ses yeux et y voir son âme, c'est, pour qui chemine ici-bas, l'aube du bonheur céleste. Mais saisir, dans l'onction de sa voix, dans la douceur de son regard, dans la tendresse de ses gestes, la chaleur de son amour, c'est goûter à la joie des élus.

Voyons-le qui se lève, avec une majesté et une grâce qui, depuis trois ans, charment et captivent ses apôtres. Mais aujourd'hui s'accentue, à leurs yeux inquiets, le mystère qui l'enveloppe: ses gestes et ses paroles ont quelque chose d'inattendu, de solennel qui les bouleverse: ils pressentent qu'il va se passer du sublime.

Mais pourquoi leur laver ainsi les pieds? Pourquoi leur offrir, sous les apparences du pain et du vin, sa chair à manger et son sang à boire? Pourquoi?...

Écoutons-le répondre lui-même: «Je vous ai donné l'exemple.» Saint Bonaventure appelle Notre-Seigneur: la splendeur de toute perfection, *le miroir de l'exemple*. «Je vous ai donné l'exemple, c'est-à-dire: je vous ai donné un enseignement concret, une action vivante qui ne touche pas seulement votre esprit mais qui agit sur tout votre être. Vos yeux m'ont vu là, agenouillé sur le parquet; vos oreilles m'ont entendu parler de purification, de service; votre chair a vibré au contact de mes mains; votre cœur s'est réchauffé à la chaleur de mon baiser; votre mémoire émue a tout enregistré; votre intelligence a compris la leçon; votre volonté se soulève et veut marcher dans la trace de mes pas.

«À table, je vous ai prêché le don de soi poussé jusqu'à l'héroïsme: 'Il n'y a pas de plus grande preuve d'amour que de donner sa vie pour ceux qu'on aime... Prenez et mangez, ceci est mon corps livré pour vous; buvez-en tous, ceci est mon sang répandu pour vous'.»

Oui, le lavement des pieds nous enseigne que la charité fraternelle est un service; et l'Eucharistie nous prêche qu'elle est don de soi dans l'amour, depuis la simple présence à autrui, à ses peines, à ses souffrances, jusqu'à l'immolation, le sacrifice de notre temps, de notre liberté, de nos biens et même de notre vie.

L'Eucharistie nous enseigne que la charité est don du cœur. Jésus ne cache-t-il pas, dans cet acte qui se perpétue et se perpétuera jusqu'au couchant du monde, son cœur tout vibrant, tout palpitant pour nous donner, en plus de l'exemple, la force, la puissance de son amour et faire de nous, en lui, d'autres lui-même? L'Eucharistie, c'est bien le triomphe suprême de l'amour.

En scrutant les paroles, les faits et gestes du lavement des pieds, une chose me frappe davantage: je vois un bassin, de l'eau et un contact avec la charité de Notre-Seigneur; donc, *une purification et une grâce d'imitation.* Je dis: «grâce d'imitation», car avant même que Notre-Seigneur eut recommandé à ses disciples de l'imiter, sa puissance divine les en avait déjà rendus capables. Tout le bien que nous faisons part de son cœur: «Sans moi, vous ne pouvez rien faire.» Puis, me revient à la mémoire cette mystérieuse parole de Notre-Seigneur à Nicodème: «À moins de naître de l'eau et de l'Esprit, nul ne peut entrer dans le Royaume de Dieu» (Jn 3, 5). Le lavement des pieds, quel symbole frappant du baptême, n'est-ce pas?...

Aux fonts baptismaux, ces bassins de l'Église, sous l'action de l'Esprit d'amour, l'eau *purifie* l'âme et lui accorde, en même temps que la grâce sanctifiante, les vertus infuses et les dons du Saint Esprit qui la rendent capable d'*agir à la façon du Christ.* Par la suite, chaque fois que, répondant aux désirs de Notre-Seigneur, elle pose un acte de charité envers le prochain, l'Esprit Saint lui renouvelle sa visite en y répandant toujours plus la divine charité.

Et cette réponse du Maître à Pierre: «Si je ne te lave pas, tu n'auras pas de part avec moi», n'est-elle pas significative? Ne nous dit-elle pas que sans le baptême nous ne pourrions avoir accès au banquet sacré? Et cette autre parole de Notre-Seigneur, juste avant de se donner à manger à ses Douze: «Vous aussi, vous devez vous laver les pieds les uns aux autres», ne nous avertit-elle pas que la mesure de notre charité envers le prochain sera la mesure de notre communion à Dieu dans le Christ Jésus venant en nous sous les saintes espèces?

On comprend mieux pourquoi l'institution de l'Eucharistie fut précédée par la cérémonie du lavement des pieds, lequel figure si bien le saint baptême qui est dans nos vies à l'origine de l'*imitation du Christ.* Notre incorporation au corps mystique s'est effectuée par l'eau et l'Esprit. Le baptême est le principe et la cause de toutes les grâces que nous recevons dans le temps: grâces de vie chrétienne, de consécration religieuse, d'apostolat missionnaire, *etc.,* et du bonheur qui sera nôtre pendant l'éternité. La grâce baptismale est nourrie par la grâce eucharistique qui la continue, l'augmente, la perfectionne et l'épanouit. Le saint baptême nous place dans les bras du Christ et l'Eucharistie nous jette en son cœur.

Par le signe sensible de l'eau, Notre-Seigneur nous donne la *grâce de l'imitation,* qui nous fait devenir en lui, enfants du Père; et par le signe sensible du pain et du vin, il nous donne la grâce de l'identification, grâce pour devenir d'autres lui-même.

Qu'en ce jeudi saint 1964, s'ajoute à notre action de grâce pour le don de l'Eucharistie un merci non moins vibrant pour celui du saint baptême.

Au cours de cette cérémonie commémorative du lavement des pieds, demandons pour l'Église entière des grâces de purification et de charité fraternelle. Demandons-les spécialement pour notre chère communauté.

Demandons pour nous d'abord et pour chacune de nos sœurs un jeudi saint sans précédent, unique dans notre vie! Un jeudi saint passé tout près de Jésus, dans l'étreinte de son amour, avec l'apôtre bien-aimé... Un jeudi saint passé à épier les gestes du Sauveur, à boire ses paroles, à mériter ses secrets, à se laisser *purifier* par l'eau de la grâce, impressionner par ses exemples... Un jeudi saint passé à manger son cœur, à boire son sang, à se nourrir de ses vertus, à se laisser transformer en une petite hostie de louange et d'amour en laquelle Jésus continuera à s'immoler, mystiquement sans doute, mais de manière douloureuse, à la gloire des Trois.

26 mars 1964

JÉSUS CONTENTE ENFIN SON CŒUR

Mes bien chères enfants,

Exultons d'allégresse, multiplions les cantiques de reconnaissance, exposons nos esprits à la lumière, ouvrons nos cœurs à l'amour!... C'est le jeudi saint!... Bénissons le Seigneur qui se fait Eucharistie et adorons-le!...

Une Dominicaine Missionnaire Adoratrice peut-elle voir, sans éprouver une joie tout eucharistique, réapparaître à l'horizon l'aube du jeudi sublime qui ne connaîtra pas de déclin? Les faits les plus prodigieux de l'histoire, déroulés ce jour-là, poursuivent dans l'Église leur marche mystérieuse à travers l'espace et le temps: vingt siècles ont obéi au souverain Maître: «Faites ceci». Et en sa mémoire se fait partout aujourd'hui ce qu'il fit lui-même en Palestine, il y a 2000 ans.

Une Dominicaine Missionnaire Adoratrice peut-elle, en ce jour anniversaire, pénétrer en esprit au cénacle de Jérusalem sans épier avec plus d'attention les gestes du Maître; sans analyser avec plus de soin ses divines paroles; sans savourer avec plus d'avidité le pain du repas pascal; sans vouloir avec plus d'élan copier le Cœur Eucharistique?

Une Dominicaine Missionnaire Adoratrice peut-elle laisser fuir les heures de ce jour ensoleillé par la première hostie, sans prendre place sur la poitrine du Maître à l'instar de l'apôtre bien-aimé? Peut-elle ne pas prêter, comme lui, l'oreille et écouter, dans le silence et le recueillement de l'action de grâce, le langage de l'amour infini? Peut-elle ne pas en goûter le suprême témoignage?...

1.   Le suprême témoignage d'amour

Mourir pour ceux qu'il aime: voilà la plus grande preuve d'amour qu'un homme puisse donner à ses semblables... Aussi, verser librement, pour eux, son sang jusqu'à la dernière goutte, c'est le don de soi par excellence. Notre sang qui, comme un fleuve, circule dans nos veines est, pourrait-on dire, animé des sentiments du cœur où il prend sa source, où il reçoit sa chaleur et l'impulsion à se répandre, s'il le faut, jusqu'à la dernière goutte, pour dire de la façon la plus tangible: «Je vous aime».

Mais, pour l'Homme-Dieu!... Nous montrer son corps tout déchiré, suspendu à une croix, y écrire en traits de sang son amour et, par des milliers de plaies, comme par autant de bouches, nous le dire en l'expression la plus forte..., *ça ne peut contenter son cœur.*

Pencher vers nous une tête ruisselante, sous un diadème d'opprobre dont les épines aux pointes aiguës transpercent son front auréolé de divin..., ça ne peut contenter son cœur.

Poser sur nous un regard de tendresse à travers des yeux quasi éteints et voilés de son propre sang..., ça ne peut contenter son cœur.

Nous tendre des bras disloqués, aux lambeaux de chair pendante, aux os découverts, aux mains clouées..., ça ne peut contenter son cœur.

Offrir à notre vénération des pieds sanglants rivés par d'énormes clous à un gibet d'infamie..., ça ne peut contenter son cœur.

Être dévoré par la fièvre et brûlé par une soif qui consume..., ça ne peut contenter son cœur.

Laisser tomber de ses lèvres agonisantes des paroles toutes pleines de pardon et de miséricorde..., ça ne peut contenter son cœur.

Nous donner son plus précieux trésor, sa mère..., ça ne peut contenter son cœur.

Souffrir en silence, pour notre salut, d'affreuses et indicibles tortures physiques et morales..., ça ne peut contenter son cœur.

Rendre pour nous le dernier soupir, et permettre à la lance d'ouvrir son côté sacré et d'y recueillir la dernière goutte de son précieux sang..., ça ne peut contenter son cœur.

Nous dire en l'ultime expression humaine: «Je vous aime»..., ça ne peut contenter son cœur.

Accomplir de façon transitoire cet acte de suprême amour ne peut contenter son cœur.

Il y a le testament où, à défaut d'une présence, l'homme laisse aux êtres chers ses biens ou, tout au moins, un souvenir. C'est en réalisant le sien que l'Homme-Dieu va contenter son cœur... Sous la poussée de son amour, à sa parole créatrice se produit dans ses mains divines une conversion de substances... Il est vivant son legs!... Notre héritage à nous, c'est lui caché sous de vils accidents, lui, Prêtre et Victime, perpétuant à jamais son acte de suprême amour.

Le testateur a soin de désigner une ou plusieurs personnes à qui il donne plein pouvoir d'exécuter son testament; Notre-Seigneur aussi s'est choisi des exécuteurs testamentaires: ses prêtres, qu'il a revêtus du pouvoir d'exécuter en son nom.

2. Le testament d'amour

Une Dominicaine Missionnaire Adoratrice peut-elle revivre la cène sans relire ce testament nouveau et éternel?... sans contempler le don d'amour qu'il contient? Relisons-le lentement ensemble et d'un cœur ému...: «Prenez et mangez, ceci est mon corps... Buvez-en tous; car ceci est mon sang, le sang de l'alliance, qui va être répandu pour une multitude en rémission des péchés. Faites ceci en mémoire de moi... Voilà que je suis avec vous jusqu'à la consommation des siècles.»

Par ce testament merveilleux, l'Homme-Dieu, la Victime du calvaire, le Christ glorieux se livre à nous sous un mode sacramentel; sa chair, son sang, sa mort, sa résurrection, sa vie deviennent notre bien, notre propriété. Par l'Incarnation, il s'est donné à tous les hommes en général; par sa mort sur la croix, il nous a rachetés; mais voilà que par l'Eucharistie, il se donne à chacun en particulier: tout homme peut maintenant offrir à son Dieu le sacrifice parfait de la nouvelle alliance et lui rendre une gloire adéquate à son infinie majesté.

Par ce testament merveilleux, Jésus perpétue, d'un bout du monde à l'autre, de l'Orient à l'Occident, et cela plusieurs fois à la seconde, le sacrifice du Golgotha... Il continue ainsi son acte de suprême amour.

Par ce testament merveilleux, Jésus réalise en chacun des membres de son corps mystique l'admirable échange, le don mutuel: «Vous en moi et moi en vous», et jusqu'à l'identification: «Celui qui me mange vivra par moi.» Sous les apparences du pain, dans la douce intimité d'une communion sacramentelle, passent en nous sa chair à jamais radieuse, son sang redevenu vigoureux, son corps ressuscité et pour toujours vainqueur de la mort.

Par ce testament merveilleux, il vient dans les temples vivants que nous sommes par la grâce et où habite la Trinité sainte; il fait de celui qui le mange une hostie qui est comme une extension de lui-même, qu'il immole avec lui à la Trinité; puis, il continue ensuite dans l'âme son hymne d'adoration et de louange à la gloire des Trois.

Par ce testament merveilleux, Jésus a, pour ainsi dire, autant de corps pour s'anéantir devant son Père et autant d'âmes pour l'adorer, autant de bouches pour le glorifier et autant de cœurs pour l'aimer qu'il a de fidèles qui le reçoivent dignement et à qui il communique ici-bas sa vie, son feu, sa lumière, sa joie, son bonheur, en attendant de les béatifier éternellement. *Et Jésus... contente enfin... son cœur.*

3. Le lavement des pieds

Une Dominicaine Missionnaire Adoratrice peut-elle assister à la cérémonie du lavement des pieds sans découvrir, dans l'esprit de Jésus, un lien étroit entre ce geste et celui de l'institution de l'Eucharistie?

Pourquoi lave-t-il les pieds de ses apôtres?... Dans quelques heures, il va disparaître à leurs yeux, ils ne verront plus cette «Image visible du Dieu invisible» (Col 1, 15). C'est à genoux sur le sol, courbé vers la terre que, dans un témoignage de charité fraternelle, il les supplie, et nous avec eux, de l'imiter.

Jusqu'ici, nous avons lu et avec raison, puisque c'est écrit en toutes lettres dans l'Évangile, cet enseignement concret de charité et d'humilité servi par le divin Maître. Nous y avons reçu le don d'un exemple vivant et vivifiant. Il n'est certes pas défendu d'y puiser en plus une autre leçon. Chaque parole de Notre-Seigneur contient la lumière du Verbe et nous ouvre des horizons infinis, toujours nouveaux, aux contemplations les plus vastes et les plus salutaires. Pénétrant davantage cette parole: «Si je ne te lave, tu n'auras pas part avec moi», nous pouvons y voir, pour stimuler notre fidélité et notre élan dans la voie de l'union eucharistique, la docilité à la grâce, la souplesse dans les mains de Dieu, la soumission pleine et entière à sa volonté, laquelle a toujours pour fin notre participation à sa vie de grâce ici-bas et de gloire là-haut.

Toute grâce, dans nos vies, a pour but l'union à Dieu. Comme cette union sur terre trouve sa consommation à la table sainte, nous pouvons dire que toute grâce nous prépare directement ou indirectement à mieux profiter du banquet eucharistique. Le point de

départ nécessaire pour l'union est la grâce sanctifiante, sans doute, mais l'union ne se poursuit que
dans la correspondance à la grâce actuelle, qui est
l'adhésion de notre volonté à celle de Dieu. La participation efficace au saint sacrifice et à la communion
sacramentelle exige cette préparation.

Un parallèle entre la parole de Notre-Seigneur en
face de la résistance impulsive de Pierre: «Si je ne te
lave, tu n'auras pas part avec moi», et cette autre dite
à la suite de la seconde réaction de l'apôtre: «Celui
qui a pris un bain n'a pas besoin de se laver, il est
entièrement pur», m'amène à croire que Notre-
Seigneur, dans cette dernière parole, fait allusion à la
grâce sanctifiante qui purifie l'essence de l'âme et la
rend apte à agir surnaturellement; et dans la première,
une allusion à la grâce actuelle qui nous offre un
secours passager pour sanctifier, diviniser l'action du
moment. D'ailleurs, Jésus aimait à se servir de l'eau
pour figurer la grâce: rappelons-nous sa conversation
avec la Samaritaine.

La grâce actuelle pour Pierre et les autres apôtres,
grâce qui les préparait immédiatement à leur première communion et à leur ordination sacerdotale,
était d'accepter que leur Maître, comme un esclave, à
genoux sur le parquet, leur lave les pieds. Nous ne
savons jamais ce que porte avec elle la grâce du
moment présent. «Tu n'auras pas part avec moi...»
D'après le commentaire de la Bible de Jérusalem:
«Faute de comprendre l'esprit de son Maître, Pierre
s'exclut de toute communion avec lui, de toute participation à son œuvre et à sa gloire[2].» Mais devant les
menaces d'une privation d'intimité avec son Seigneur,
son amour triomphe de ses répugnances respec-
tueuses et, avec la fougue de son tempérament tout
d'une pièce, il se livre à son Maître dans la plus

parfaite adhésion à ses vouloirs; il se donne tout entier, il est prêt à tout: «non seulement les pieds»...

La grâce se présente le plus souvent, dans nos vies, sous les formes les plus simples mais parfois aussi les plus déconcertantes; toujours Jésus nous y cache son action: purifier pour unir. Tout «oui» à la grâce est un «oui» au Sauveur, à sa vertu rédemptrice, à son œuvre apostolique; une participation à sa vie de connaissance et d'amour au sein de la Trinité.

Jésus est toujours cause et porteur de la grâce. Quelle que soit la forme qu'il prend pour nous l'offrir — dans le cas de Pierre, c'est celle d'esclave; quel que soit le genre d'action qu'il pose — ici, il lave les pieds; quelle que soit la menace qu'il joint parfois à ses avances — «tu n'auras pas part avec moi»; en un mot, quelle que soit la foi qu'il exige, l'important pour l'âme, c'est de le laisser agir et de coopérer à son action. Que l'eau de la grâce rencontre en nous la sincérité de Pierre, son humilité, sa soumission, son amour et elle produira des merveilles.

La grâce, mais c'est l'application du sang du Christ, figuré par l'eau; de ce même sang qui purifie l'humanité sur la croix, qui baigne l'âme de celui qui offre son front à l'eau baptismale, qui lave l'intérieur de celui qui, après un humble aveu de ses péchés, s'incline sous la main sacerdotale. C'est par les mérites du précieux sang que l'Esprit Saint nous tend un secours passager pour que nous surnaturalisions l'acte à accomplir. Du baiser eucharistique, c'est une effusion de grâces qui s'écoulent dans l'âme... Je reçois Jésus auteur, source de la grâce: la substance de son sang rencontre le mien pour le purifier, le diviniser et y déposer des germes de résurrection glorieuse. Saint Thomas d'Aquin, dans une de ses méditations, nous dit: «Quiconque reçoit le Christ dans son cœur, (...), celui-là possède pareillement la vertu et la grâce ici-bas, et plus tard, la vie éternelle. Et c'est ici-bas la cène dans laquelle le Christ a lavé les pieds de ses disciples, c'est-à-dire la partie affective de notre âme qu'il purifie des péchés véniels; car dans ce sacrement s'opère la transformation de l'homme en Jésus-Christ par l'amour[3].»

Demandons à l'Esprit Saint de nous rendre attentives pour découvrir, à travers les diverses circonstances de notre vie, les invitations du Seigneur, et «ne pas recevoir en vain la grâce de Dieu» (2 Co 6, 1). Demandons aussi qu'au cours de nos journées, au rythme des grâces qui passent, nous multipliions les communions spirituelles et qu'alors nos baisers d'amour à la volonté divine embellissent notre âme pour le banquet du lendemain, la parent pour la réception de l'Hôte eucharistique; et que d'un jour à l'autre, nous nous acheminions, toujours plus pures, plus saintes et plus immaculées, vers le banquet éternel.

Non, il n'y aura pas une Dominicaine Missionnaire Adoratrice qui laissera s'éteindre cet anniversaire sans avoir fait pieusement son pèlerinage au cénacle de Jérusalem, sans s'être blottie, dans l'action de grâce, sur la poitrine de son Maître pour y entendre l'écho du premier battement de son cœur, au moment où il devint eucharistique et nous donna à jamais son *suprême témoignage d'amour.*

Non, il n'y aura pas une Dominicaine Missionnaire Adoratrice qui fermera l'œil ce soir sans avoir relu, dans un cœur à cœur intime avec Jésus-Hostie, le merveilleux *testament d'amour.*

Non, il n'y aura pas une Dominicaine Missionnaire Adoratrice qui, repassant en son âme la leçon du *lavement des pieds*, ne scellera, dans un brûlant baiser d'amour, sa promesse de fidélité à la grâce.

Oui, chaque Dominicaine Missionnaire Adoratrice va s'endormir en chantant, avec reconnaissance et joie, le cantique de sa vocation privilégiée: «Amour et gloire à la Trinité par le Cœur Eucharistique de Jésus.»

15 avril 1965

LE SERVICE DU CHRIST

Mes enfants bien-aimées, mes «petits enfants»,

L'invisible splendeur du jeudi saint est inconcevable! Le soleil eucharistique a surgi alors des mains du Créateur; depuis, au ciel de l'Église, «comme un géant il poursuit sa carrière» (Ps 19, 6).

Le jour de Pâques est le plus glorieux, sans nul doute. Son aube fut illuminée par la résurrection, ce mystère fondamental qui soutient tout l'édifice de notre foi. Il demeure vrai pourtant que le jeudi saint l'emporte comme témoignage d'amour. Il reste le jour le plus merveilleux, le plus doux, le plus ineffable: celui où le Christ s'est donné à l'extrême.

Au matin de Pâques, la pierre tombale renversée, gisant sur le sol, comme un vaincu qui reconnaît sa défaite, nous dit: «Il est ressuscité votre Sauveur, comme il l'avait annoncé. Je l'ai vu sortir vivant et glorieux du sépulcre. C'est lui votre Pâque, votre passage de la mort à la vie, des ténèbres à la lumière.» Mais au soir de la cène, le lavement des pieds et, plus encore, le repas d'adieu nous traduisent l'amour dans un acte où Notre-Seigneur se donne, et avec lui tout le mystère du salut.

Une étude attentive des gestes du Maître et de ses paroles nous découvrira les anéantissements qu'il s'impose pour nous sensibiliser son amour. «Je suis venu non pour être servi, mais pour servir.» Sous des signes efficaces, il concrétise ce *service*.

Service de Sauveur sous le signe de l'eau: «Si je ne te lave, tu n'auras pas de part avec moi.»

Service de Victime sous le signe du calice: «C'est mon sang répandu pour la rémission des péchés.»

Service de nourriture sous le signe du pain: «Prenez et mangez, ceci est mon corps.»

1. Service de Sauveur sous le signe de l'eau

«Il se lève de table, dépose son manteau et prend un linge qu'il se noue à la ceinture. Puis il verse de l'eau dans un bassin et se met à laver les pieds de ses disciples. Il vient donc à Simon-Pierre, qui lui dit: 'Toi, Seigneur, me laver les pieds!' Jésus lui répondit: 'Ce que je fais, tu ne le sais pas maintenant; tu comprendras plus tard.' 'Tu ne me laveras pas les pieds, lui dit Pierre. Non, jamais!' Jésus lui répondit: 'Si je ne te lave pas, tu n'auras pas de part avec moi'.»

C'est évident: le mystère du salut est avant tout, dans l'esprit de Jésus, *un service*. Pierre ne sait pas que son Maître pose ce geste dans la perspective qui a toujours commandé tous ses actes: il est venu pour nous purifier de la tache originelle. Aussi, là, à genoux sur le parquet, c'est dans la vue d'une réalisation toute proche qu'il agit. Tantôt, écrasé et courbé vers le sol, il joindra les mains sur une pierre et son oraison deviendra suppliante: «Père, s'il est possible, que ce calice s'éloigne de moi» (Mt 26, 39). Face à sa passion, il sera saisi de frayeur et agonisera. Son sang, comme de l'eau, rejaillira sur la terre. Devant lui passeront les uns après les autres, non seulement les Douze, mais

tous les hommes, depuis Adam jusqu'au dernier reje-
ton de la race humaine, avec tous leurs crimes, tous
leurs forfaits, toutes leurs fautes. Enfin..., dans un *fiat*
qui résonnera jusque dans ses entrailles et frémissant
de la tête aux pieds, il acceptera pour nous, pour nous
sortir de l'abîme du péché, la mort et la mort sur la
croix.

Celui qui s'est fait notre *serviteur* lave l'humanité
coupable. La tache originelle, au contact du précieux
sang, disparaît plus vite que la poussière des pieds
sous l'action de l'eau; et les âmes recouvrent leur
blancheur initiale.

Toutes nos plaies morales sont objet de sa miséricorde. Pour les guérir, c'est lui-même qui s'avance, lui
qui se met à nos pieds, et le remède qu'il applique,
c'est son sang.

Ce sang, on l'a vu traverser en sueur sa chair au
jardin de Gethsémani. Ce sang, on l'a vu jaillir en flots
vermeils, sous les fouets des bourreaux. Ce sang, on
l'a vu ruisseler sur son front, à la pointe des épines. Ce
sang, on l'a vu rougir la croix qui sciait son épaule. Ce
sang, on l'a vu marquer la trace de ses pas. Ce sang,
on l'a vu surgir du creux de ses mains et de ses pieds
percés par les clous. Ce sang, on a vu le sacré cœur,
sous le coup de la lance, nous en livrer la dernière
goutte. Ce sang, notre mère la sainte Église en est la
gardienne; elle le conserve comme en un bassin où,
incessamment, elle est à l'œuvre; elle y plonge les
âmes, sous le sacrement de l'eau. «Que la puissance
mystérieuse du Saint-Esprit féconde ces eaux qui
doivent enfanter à nouveau les hommes, afin qu'une
lignée d'enfants du ciel conçue par la sainteté divine
émerge de cette fontaine sacrée comme d'un sein
maternel très pur, et renaisse en créature nouvelle;
lignée d'enfants de tout sexe et de tous âges, mais que

la grâce, leur mère, engendre à la même jeunesse spirituelle[4].»

Cette source coule depuis bientôt 2000 ans et rien ne saurait la tarir. C'est elle qui entretient la vie du corps mystique et de chacun de ses membres. Nous qui avançons dans l'Église en marche, nous sommes tous des pécheurs, en commençant par Pierre, le premier pape; par conséquent, nous avons tous besoin d'être lavés. Un même sang, celui du Christ, notre *Sauveur*, circule dans nos veines et travaille à nous purifier.

On comprendrait mal un baptême qui ne provoquerait pas des gestes conformes à ceux du Christ: gestes d'humilité, d'entraide fraternelle. «Je vous ai donné l'exemple... L'esclave n'est pas au-dessus de son Maître.» Quiconque est lavé par Jésus assume une responsabilité: «Vous devez vous laver les pieds les uns aux autres.» Tous, sans exception, nous avons un rôle à accomplir dans l'Église: poser des actes de charité qui permettront au Christ Jésus de poursuivre son *service de Sauveur*.

2. Service de Victime sous le signe du calice

«Puis, prenant une coupe, il rendit grâces et la leur donna en disant: 'Buvez-en tous; car ceci est mon sang, le sang de l'alliance, qui va être répandu pour une multitude en rémission des péchés'.»

Considérons la valeur du *service* rendu aux hommes par Jésus *Victime*.

Les sacrifices de l'ancienne loi n'étaient agréés du Très-Haut que dans la mesure où, comme ceux d'Abel, d'Abraham, de Melchisédech, ils annonçaient à l'avance celui du Christ. Dès qu'un premier souffle anima son corps, Notre-Seigneur s'offrit à son Père, pour rendre aux hommes le *service de Victime* et leur mettre en mains l'hostie véritable, l'Agneau de Dieu, le seul digne d'être égorgé pour sa gloire.

Avant de se coucher à notre place sur le bois de la croix et d'y agoniser dans des tortures inouïes, dans des blessures horribles, dans une fièvre qui le dévorera tout entier, qui ravagera sa bouche, qui consumera sa langue, qui gercera ses lèvres...; à la veille de mourir volontairement et par amour sur le Golgotha et d'y consommer son holocauste, Jésus nous érige un autel aux dimensions de l'univers. Par la puissance de ses paroles, il change du pain en son corps et du vin en son sang. Sous ce geste de séparation, notre *Victime,* il la rend présente. Il institue et offre pour la première fois, en Église, la messe : son sacrifice mystique. «Faites ceci en mémoire de moi», ajoute-t-il, et il se consacre des ministres qui lui prêteront leurs lèvres et leurs mains, pour qu'ainsi il perpétue, au cours des âges, son immolation, non sanglante cette fois.

«Ceci est mon corps livré, ceci est mon sang versé... Faites ceci en mémoire de moi»: paroles du Seigneur..., paroles créatrices! Gestes du Seigneur..., gestes lourds de conséquence! Ils actualisent sacramentellement tout le sacrifice de la croix, ils lèguent à des hommes le formidable pouvoir de commémorer sa passion et de rendre présente au monde la Rédemption.

Ah! la messe..., quel trésor! Océan inépuisable qui distribue dans les canaux de l'Église toutes les grâces du ciel. La messe! Mémorial du calvaire! Âme du corps mystique! Centre de sa vie! Acte essentiel de son culte!

Tout baptisé, de par son baptême, est appelé à y participer. Les sacrements trouvent leur centre à l'autel et nous associent à la religion du souverain Prêtre. «Si, nous dit saint Paul, le sang des boucs et des taureaux, dont on asperge ceux qui sont souillés, les sanctifie en leur procurant la pureté de la chair, combien plus le sang du Christ, qui par un Esprit éternel s'est offert lui-même à Dieu, purifiera-t-il notre conscience des œuvres mortes pour que nous rendions un culte au Dieu vivant» (Hé 9, 13-15). Le baptême nous confère donc l'insigne privilège d'offrir à l'adorable Majesté «l'hostie sainte, l'hostie pure, l'hostie sans tache, le calice du salut éternel.»

Toute la vie de l'Église, toute la liturgie catholique se joue autour de cet autel. Nous nous servons de notre *Victime*, nous l'offrons pour adorer et notre adoration n'a pas de prix. Nous nous servons de notre *Victime*, nous l'offrons pour remercier et notre action de grâce est infinie. Nous nous servons de notre *Victime*, nous l'offrons pour réparer et c'est le sang rédempteur qui implore pardon. Nous nous servons de notre *Victime*, nous l'offrons pour solliciter des grâces et c'est le Fils bien-aimé qui demande.

«Faites ceci en mémoire de moi.» En plus de produire une communication de pouvoirs à des privilégiés, ces paroles ne sont-elles pas pour chacun de nous un appel au sacrifice, en réponse au sacrifice unique que perpétue notre *Victime*!

On comprendrait mal une participation à la sainte messe qui ne déclencherait pas des gestes conformes à ceux du Christ: des gestes d'immolation, de mort à soi-même. L'Église ne nous invite-t-elle pas, sous le symbole de la goutte d'eau, à mêler notre pauvre sang au sang Sauveur? Donc, quand il nous broie par l'humiliation, la contrariété ou par un dur quotidien;

quand il nous ouvre le cœur par l'épreuve, par la souffrance, offrons-lui notre sang en rendant grâce. Voilà le plus beau témoignage de reconnaissance et d'amour envers notre auguste *Victime*!

3. Service de nourriture sous le signe du pain

«Or, tandis qu'ils mangeaient, Jésus prit du pain et, après avoir prononcé la bénédiction, il le rompit et le donna à ses disciples en disant: 'Prenez et mangez, ceci est mon corps'.»

Ici, le *service* atteint son comble. Jésus s'abaisse à tel point qu'il se met dans un état où il ne peut servir à autre chose qu'à être mangé.

Avant de partir, il dresse la table et *se sert lui-même en nourriture*. Depuis ce moment solennel, qui enregistra le fait le plus émouvant de l'Évangile, depuis vingt siècles, la table eucharistique est toujours prête; elle s'allonge au besoin...: tous les enfants de Dieu peuvent y prendre place et manger l'Agneau, le pain qui béatifie les élus. Le divin *Serviteur*, dans la personne de ses prêtres, nous redit fidèlement: «Prenez et mangez, ceci est mon corps»; et sa chair sacrée, couverte de glorieux stigmates, s'incorpore à la nôtre et la divinise.

Communier, c'est déjà s'asseoir au banquet éternel, mais à l'ombre, au bout de la table, dans le vestibule. Plus tard, nous monterons plus haut, nous pénétrerons dans la salle du festin puis, en pleine lumière, nous mangerons, dans l'extase et le rassasiement de la vision face à face, Celui qu'ici-bas nous ne faisons qu'entrevoir.

La foi, telle une fragile lueur, éclaire à peine les convives de l'Église pérégrinante; aussi, les merveilles qui s'opèrent à cette table échappent à notre trop courte vue. Là, dans l'intimité d'une commune union, Notre-Seigneur continue en nos âmes l'œuvre ébauchée par le sceau baptismal; il grave en profondeur ses traits, les anime toujours plus de son Esprit, et prépare ainsi à son Père de vraies copies du Fils de ses complaisances.

Quel *service* que celui d'un Christ à la fois *victime* et *nourriture!* Quel mystère! *Mysterium fidei*, ajoute l'Église aux paroles de la consécration. L'Eucharistie est en effet le mystère de foi par excellence, le mystère le plus difficile à admettre.

Qu'après vingt siècles, des foules de plus en plus denses s'approchent de cette table! Qu'après vingt siècles, des milliers de personnes absorbent encore ce pain consacré, avec la certitude de manger le Christ! Qu'après vingt siècles, on ajoute toujours foi à ce dogme qui heurte tant la raison! Il faut que Jésus soit Dieu et que cet aliment soit bien lui-même!

Pour les apôtres qui ont vu le Maître accomplir d'innombrables miracles; qui ont lu dans ses yeux la vérité et, au moment de l'institution de l'Eucharistie, sur son visage, la joie et la tendresse; pour eux qui ont bu la sincérité dans l'onction de ses paroles, le doute fut impossible. Mais pour nous, qui n'avons pas vu les pains se multiplier par mille à la chaleur de ses doigts..., pour nous, qui n'avons pas entendu sensiblement cette parole qui produisait des merveilles..., pour nous, avancer à la table sainte et manger Jésus servi comme pain, c'est lui crier notre foi en accents insurpassables! C'est tendre vers lui dans une espérance qui étreint déjà: «Celui qui mange ma chair et boit mon sang a, en lui, la vie éternelle!» C'est s'identifier à lui dans l'amour: «Celui qui mange ma chair et boit mon sang demeure en moi et moi en lui.»

Ce regard sur Jésus donnant son corps en *nourriture,* aboutit de soi à une conclusion pratique. S'il se livre à chacun, jusqu'à cet anéantissement suprême, c'est pour épouser nos natures individuelles, les imprégner de son Esprit, et offrir au monde des sacrements de son amour. N'est-ce pas pendant leur action de grâce, que Notre-Seigneur donne à ses apôtres son commandement nouveau? «Aimez-vous les uns les autres comme je vous ai aimés. À ceci tous vous reconnaîtront pour mes disciples: à cet amour que vous aurez les uns pour les autres.» C'est donc clair: la charité fraternelle est le signe de notre communion au Christ. Nourri de son corps, le baptisé doit être dans le monde, par une vie toute de fraternité chrétienne, sacrement de son amour, sacrement de son mystère, sacrement de son *service,* sacrement de son don.

On comprendrait mal des communions qui ne produiraient pas des gestes conformes à ceux du Christ: des gestes de générosité, voire d'héroïsme, vis-à-vis du prochain. Comment expliquer des communions qui ne s'accompagneraient pas d'élans, de progrès dans la charité? Chez les âmes tout engagées, comme nous, dans une vie autour de la cène, la reine des vertus doit animer à cœur de jour nos relations avec nos semblables. Nous devons montrer le Christ; le donner, non seulement par nos paroles, par nos gestes, mais aux dépens de notre vie, pour amener les autres à l'aimer toujours davantage.

Concluons: la communion, pas plus que le lavement des pieds, pas plus que l'institution de la messe et du sacerdoce, n'est le sommet du jeudi saint. Son apogée, c'est *l'acte d'amour:* acte qui explique tout, qui anime tout et finalise tout. Voyons-le, cet acte, à son principe dans l'Incarnation: il remue le cœur du Prêtre éternel, cœur qui commence à battre dans le sein où il vient tout juste d'être conçu, et le pousse à offrir à son Père un corps à peine formé: «Vous m'avez donné un corps, me voici.» Voyons-le, cet acte, s'épanouir au calvaire: il est l'élément formel, l'oblation intérieure qui vivifie tout le sacrifice. Voyons-le, cet acte, à l'autel, au moment de la consécration: il jaillit du Cœur Eucharistique, toujours sous la motion de l'Esprit, et perpétue sacramentellement l'Incarnation rédemptrice. Voyons-le, cet acte, à la table sainte: il consomme au milieu de nous, et en nous par la communion, le mystère pascal.

Oui, le seul mot qui qualifie adéquatement le *service du Christ,* c'est *l'amour. L'amour* seul en a fait notre *Sauveur,* notre *Victime,* notre *nourriture.*

Dans l'enthousiasme, louons l'acte d'amour, le cœur qui le pose et la merveille qu'il produit. Pour ce, écoutons notre frère saint Thomas, le chantre de l'Eucharistie:

> Que soit pleine la louange, qu'elle soit sonore,
> qu'elle soit joyeuse, que soit beau le chant de notre âme.
> Car il s'agit du jour solennel,
> où est rappelée l'institution première de ce festin[5].

En ce jeudi saint 1966, avec un cœur renouvelé par l'encyclique *Mysterium Fidei,* oui, ensemble chantons, louons sur une note plus haute, plus pure, «le don accordé à l'Église, par son Époux en gage de son immense amour[6].» Que nos âmes doucement jubilent. Que le soleil eucharistique éclaire et réchauffe chaque minute de ce jour à jamais consacré. Ô jeudi saint, ton mystère nous transporte et ton nom, en passant sur nos lèvres, y laisse la saveur et la faim de l'hostie!

À l'autel, regardons avec foi le corps et le sang sacrés de notre Dieu, contemplons-le avec respect, goûtons-le dans notre âme, recevons-le dans la main de notre cœur et mangeons-le en le savourant intimement. *Amen.*

7 avril 1966

SERVIR, MOURIR, NOURRIR

Il est un jeudi canonisé par l'Église... : celui qui a vu le Christ, dans un élan souverain, sortir de son cœur un témoignage d'amour tel, qu'il condense en les couronnant, tous ses gestes passés et futurs.

Jour de tristesse et de joie, de deuil et d'allégresse, d'opprobre et de gloire, de mort et de résurrection.

Jour où tout finit et où tout recommence.

Jour aux émotions des suprêmes adieux et aux écoutes des dernières paroles.

Jour mémorable où l'on assiste à la messe originelle célébrée par le souverain Prêtre.

Jour radieux où l'on respire la fraîcheur des premières communions reçues des mains du Sauveur lui-même.

Jour magnifique qui rend à jamais présents au sein de notre univers les mystères de la passion et de la résurrection.

Jour sublime où l'Église est établie : les apôtres sont consacrés prêtres et reçoivent le pouvoir d'offrir le sacrifice et d'y introduire les fidèles.

Jour inoubliable où trois verbes : *servir, mourir* et *nourrir* expriment, du Verbe, l'amour... ; l'amour jusqu'à l'abaissement, l'amour jusqu'à l'holocauste, l'amour jusqu'à l'anéantissement.

Servir...: «Je suis comme celui qui sert...» Et il lave les pieds de ses apôtres.

Mourir...: «Voici mon sang versé...» Et il s'immole sous l'enveloppe du sacrement.

Nourrir...: «Prenez et mangez...» Et il se donne à chacun sous les espèces du pain.

Servir...

«Je suis comme celui qui sert...» Et il lave les pieds de ses apôtres.

En ce soir d'adieu, il pose des actes qui surpassent toutes les manifestations de son cœur au cours de ses 33 ans au milieu de nous.

Le témoignage d'amour *in finem* du jeudi saint débute par le lavement des pieds...: «Je ne suis pas venu pour être servi mais pour servir.» Ce geste n'est-il pas comme la dernière expression concrète des services rendus aux hommes par Notre-Seigneur durant son séjour sur la terre, spécialement au cours de sa vie publique? Il s'est penché sur les siens avec tendre sollicitude, pour les soulager de leurs misères et leur témoigner son amour. Commandée par son cœur, une vertu toute-puissante sortait de sa divinité et guérissait tous ceux qui, ployant sous le fardeau, venaient à lui.

À l'heure de ce dernier repas, on le voit à genoux devant chacun de ses apôtres, à leur laver les pieds. Pour son amour, cette action humiliante n'est rien. Sur son visage rayonne la tendresse de Dieu. Cet Être d'infinie bonté s'abaisse ainsi devant ses frères pour leur dire que les secourir dans leurs nécessités est un irrésistible besoin de son cœur; qu'il est prêt à tout pour les purifier, les relever et les sauver.

Dans cet acte si humain en apparence, il demeure le Fils de Dieu venu pour laver l'humanité.

Là, sur le parquet, il nous mérita la grâce du respect des autres, et de l'exprimer par toutes sortes d'attentions en vue du bien des âmes, de leur participation au même pain, à la même table, et pour l'unité de la grande famille chrétienne.

Il obtint aux petits de ce monde d'accepter généreusement leur humble condition et la force pour en remplir tous les devoirs; aux grands, l'humilité qui renvoie à Dieu les honneurs attachés au rang et à la fortune; aux personnalités de marque, le courage pour le suivre et pour se revêtir des livrées du serviteur.

Maître pédagogue, il enseigne surtout par sa vie...: «Je vous ai donné l'exemple pour que vous agissiez comme j'ai agi.»

Tous ceux qui, à sa suite, veulent travailler au salut du monde ne doivent pas trouver irraisonnable, inconvenant, injuste de s'humilier. Pour répéter des gestes semblables, il faut voir le prochain dans l'optique du Christ. Pour lui, chacun est une parole nouvelle dite par le Créateur, une personne unique aimée de Dieu, un enfant choyé du Père. En se penchant vers ses apôtres, il avait sans nul doute devant les yeux ces valeurs.

On aime à penser que, dans cette attitude, il adorait l'Artiste divin qui a créé l'âme humaine: ce chef-d'œuvre devant qui toute beauté visible s'efface, ce temple vivant dans lequel les Trois trouvent leurs délices.

La charité est humble. En se courbant en face de l'autre, elle s'incline devant de vraies valeurs naturelles et surnaturelles et leur rend hommage. Elle sait voir du beau, du grand en toute âme humaine. Ce respect profond, qui est une des composantes de la charité du Sauveur, est le fondement du service chrétien et il reflète ainsi la délicatesse de l'Homme-Dieu.

Pour nous aider dans cette imitation qu'il nous commande, Jésus nous offre son cœur à manger et il le met, ce jour même, dans la poitrine des Douze.

À la suite du divin Maître, nous devons servir, et pour ce:

Voyons en chacun une image de Dieu, une âme humaine dans laquelle brille la divine empreinte.

Entrevoyons dans nos semblables, par la foi, le visage tant aimé du Christ, visage que souvent la boue, ou tout au moins la poussière, défigure. Soyons prêtes à tout pour laver cette face adorable.

Penchons-nous comme le Maître sur toutes les misères physiques ou morales; sur les misères de tous: de l'étranger comme du compatriote, de l'ennemi comme de l'ami. Versons sur les âmes l'eau qui soulage en purifiant.

Avec lui, en lui et par lui, appliquons-nous à *servir* pour purifier les âmes et les sauver... Oui, *servir!*

Mourir...

«Voici mon sang versé...» Et il s'immole sous l'enveloppe du sacrement.

Le témoignage d'amour *in finem* du jeudi saint atteint son apogée... «À ceci nous avons connu l'Amour: celui-là a donné sa vie pour nous... Il n'est pas de plus grand amour que de donner sa vie pour ses amis.» L'acte d'amour et le sacrifice, on le voit, sont inséparables: ils ne font qu'un. L'acte d'amour est lié au sacrifice comme la cause à l'effet, comme l'âme au corps.

Un fait majeur domine le dernier repas..., l'illumine: l'institution de l'Eucharistie. Ce geste aux paroles mystérieuses rend ces agapes inoubliables.

Le sacrifice de la croix est, sans doute, l'acte d'amour par excellence; mais la célébration eucharistique est *ce même acte d'amour*, puisque le Christ identifie la cène à la passion.

Approchons-nous autour du premier autel de la nouvelle alliance. Recueillons-nous. Que les paroles tombées des lèvres du Sauveur résonnent en tout notre être et le fassent vibrer, qu'elles ravissent notre âme. Que saint Jean, des splendeurs du paradis, nous les redise avec l'accent de celui qui voit.

Que ce doux rappel accroisse les sentiments d'amour et d'action de grâce qui nous remuent, pour cet incomparable sacrement.

Minute solennelle où Jésus paraît dans son attitude de Prêtre. Quelle suave majesté!... Sa voix créatrice se fait entendre... Elle articule des paroles que désormais tous les siècles répéteront. Des hommes élus rempliront, par sa puissance, cette fonction sacerdotale qu'aujourd'hui, seul il accomplit.

Il n'attend pas le vendredi saint pour s'offrir à son Père. Depuis son premier souffle, cette vision de sa mort sur la croix l'anime, le transporte. À la veille de cette heure, n'en pouvant plus, il fait surgir devant lui l'image vivante du calvaire...: sa main saisit le pain, ses lèvres prononcent les paroles de la transsubstantiation, et l'Eucharistie naît.

Les yeux tournés vers le ciel, il offre pour la première fois à son Père, sous le signe d'éléments matériels, sa sainte humanité, et avec elle, toute sa vie en sacrifice. Le feu qui consume cette auguste Victime, c'est l'amour.

Il met en scène sa passion qui, d'ailleurs, est commencée. Son corps, il le voit vendu par l'apôtre renégat; les bourreaux, il les voit venir à lui au jardin des Oliviers; il leur appartient: un signe du traître, et ils s'en emparent. Ce sang qui bouillonne dans son calice, pour lui c'est une réalité imminente: il le voit se frayer un chemin à travers sa chair et tomber en gouttes abondantes sur la terre de Gethsémani, jaillir sous les fouets, couvrir le pavé de la prison, laisser sa trace dans les rues de Jérusalem et sur le chemin du calvaire, rougir le bois de la croix; et la dernière goutte, il la voit déjà pendre à la pointe de la lance.

Il unit de telle sorte la cène à la passion, que plus jamais on ne pourra les séparer.

Ô merveille!... À ce moment où pleuvent les miracles, le Christ a sur terre deux modes de présence substantielle: l'une naturelle, sous ses accidents propres, et l'autre sacramentelle, sous les accidents du pain et du vin.

Prêtre et Victime, il se tient lui-même en mains et s'offre à son Père; son sang coule d'une façon mystérieuse pour la rémission des péchés. Il réalise la nouvelle et éternelle alliance, promesse vieille de 4000 ans... Tout son être vibre, son cœur tressaille..., son âme exulte d'action de grâce...: sur cette table, là, devant ses yeux, se trouve tout son sacrifice, toute son immolation du lendemain.

Il plonge son regard dans l'avenir et il ajoute: «Faites ceci en mémoire de moi»; et cet unique sacrifice, il le laisse à son Église. Les apôtres, et à leur suite, tous les prêtres, pourront rendre présents son corps livré, son sang répandu. Vingt siècles ont passé; et la messe, centre de la liturgie, continue toujours. Elle renouvellera jusqu'à la fin du monde la cène et le calvaire, et l'acte d'amour assurera sans cesse à ce sacrifice sa valeur transcendante.

«Ceci est mon corps..., ceci est mon sang...»: paroles au souffle créateur qui donnent à des espèces, que soutenait jusque-là une matière inerte et sans vie, d'envelopper maintenant le corps du Christ, de le garder présent, glorieux et immortel, en presque tous les coins de l'univers.

«Mon corps donné..., mon sang versé...»: paroles puissantes qui séparent le précieux sang du corps sacré et mettent là sur l'autel, devant nous, d'une façon qui échappe à toute intelligence humaine, la mort survenue au sommet du Golgotha, sans que la Victime, toujours vivante et glorieuse, en soit le moindrement affectée.

Que le «Ceci est mon corps», le «Ceci est mon sang» et le «Faites ceci en mémoire de moi» soient pour nous un appel à mourir, comme Jésus, pour la rémission des péchés.

«Et nous devons, nous aussi, nous dit saint Jean dans sa *Première Épître,* donner notre vie pour nos frères» (1 Jn 3, 16).

Oui, *mourir...* Mourir à nos jugements propres, à nos sentiments personnels, à nos désirs égoïstes, à notre moi... Mourir à toute seconde, mourir toujours, puis enfin, dans un dernier soupir, *mourir avec le Christ en croix, pour la rémission des péchés.* Oui, *mourir...*

Nourrir...

«Prenez et mangez...» Et le Seigneur se donne à chacun sous les apparences du pain.

Le témoignage d'amour *in finem,* inauguré aux pieds des apôtres, immortalisé à la table du repas pascal, s'achève dans le cœur de l'homme, car l'Agneau immolé devient notre nourriture.

Les apôtres communient au corps et au sang de leur Maître. Il les fait ainsi entrer dans le drame de son sacrifice sanglant qui est commencé, et les unit à sa passion pour les faire participer à la gloire de sa résurrection: «Celui qui mange ma chair et boit mon sang a la vie éternelle et moi, je le ressusciterai au dernier jour» (Jn 6, 54).

Le pain qu'il leur donne à manger, il l'a pétri dans son amour, il l'a rompu pour symboliser son corps broyé, il le leur sert lui-même par condescendance.

Dans une sainte et inconcevable familiarité, Jésus étreint spirituellement chacun pour leur faire percevoir la force de son affection et obtenir une réponse d'amour à son initiative d'amour, puis les unir entre eux dans une communauté fraternelle qui étonnera, éblouira tous ceux qui en seront les témoins... Onze sur douze s'engagent personnellement dans le sacrifice, l'acceptent dans leur vie jusqu'au jour où, comme leur Maître, ils mourront pour le salut du monde.

Dans son *Apocalypse*, Jean, le bien-aimé, illustre de façon délicieuse l'intimité de la communion: «Voici que je me tiens à la porte et je frappe; si quelqu'un entend ma voix et ouvre la porte, j'entrerai chez lui pour souper, moi près de lui et lui près de moi» (Ap 3, 20).

Aujourd'hui, des millions de cœurs s'ouvrent pour le recevoir à manger; et au moyen de cette communion sacramentelle à sa chair et à son sang, il rend plus étroite, plus intime notre union spirituelle avec lui et nous communique les richesses de sa vie, de sa passion et de sa résurrection, puis nous rassemble tous dans l'unité.

Le sang divin circule dans nos veines, et y répand, avec la vie divine, la chaleur de l'amour. La communion insère Dieu dans toutes les avenues de notre esprit, dans toutes les fibres de notre cœur. Il saisit nos âmes, les pénètre, les transforme, les divinise...: «Celui qui me mange vivra par moi.»

Voyons-le agir à l'intérieur de celui qui le reçoit...: il éclaire son intelligence, fortifie sa volonté, purifie son cœur, se façonne un autre lui-même...

Puissent le «Ceci est mon corps», le «Prenez et mangez» et le «Faites ceci en mémoire de moi» nous inviter à nous laisser convertir, rompre, pour mettre sur la table de la vie commune, paroissiale ou sociale, à la disposition de tous, le Christ caché sous l'enveloppe de notre humanité propre. Laissons-nous manger pour qu'il sustente celui ou celle qui a besoin, qui a faim.

Oui, *nourrir*... Nourrir comme le grain qui se laisse broyer, comme le pélican qui se saigne..., comme la mère qui s'épuise..., comme l'apôtre qui se dépense..., comme le Sauveur qui se donne à manger. *Avec lui, en lui et par lui, nourrir* les âmes pour qu'elles «aient la vie et qu'elles l'aient en abondance» (Jn 10, 10). Oui, *nourrir*...

Le Christ nous entraîne à sa suite en une merveilleuse aventure, il nous embauche en une exaltante entreprise: bâtir l'Église, avancer avec elle vers la vision sans ombre, vers l'éternelle vie. Pour apporter notre part de travail et atteindre ainsi notre but, nous devons calquer les gestes du Maître: «Faites ce que je fais»; boire ses sentiments: «Comme je vous ai aimés»; puis conjuguer dans notre vie les trois verbes: *servir*..., *mourir*... et *nourrir*... qui expriment, du Verbe, l'amour.

Jeudi saint: jour d'impénétrable mystère..., jour du miracle sans égal..., jour continué à jamais, nous te vénérons...; nous te saluons...; nous te fêtons! Nous te chantons avec enthousiasme, reconnaissance, joie et amour! Puisses-tu te graver en nos cœurs en caractères ineffaçables et nous voir, toutes ensemble, contempler un jour, dans le ravissement de l'éternelle extase, ton si prenant mystère...

23 mars 1967

L'INDICIBLE RICHESSE
DE NOTRE VIE CHRÉTIENNE

Jeudi saint!

Jour à l'aube toute pure, désirée par le souverain Prêtre!

Jour au midi tout ardent, embrasé par l'auguste Victime!

Jour au soir tout plein, marqué par l'immortel sacrifice!

Jour avide de chair immaculée et assoiffé de sang rédempteur!

Jour qui vit naître l'hostie et célébrer la première messe!

Jour qui jette à genoux dans l'adoration et joint les mains dans l'action de grâce!

Jour qui illumine l'intelligence et enflamme le cœur!

Jour de silence et d'écoute!

Jour qui ravit plus fort la Dominicaine Missionnaire Adoratrice et l'emporte plus loin dans *l'acte d'amour* de Notre-Seigneur nous donnant l'Eucharistie!...

Glissons-nous parmi les apôtres; prêtons l'oreille pour recevoir dans la lumière et la chaleur de l'Esprit, puis traduire en gestes d'éternité, les enseignements du Maître. La Vérité même nous parle, le Modèle tout-puissant pratique sous nos yeux: ses paroles et ses actions sont un feu dévorant qui pétille l'amour et brûle tout ce qu'il touche.

En ce jeudi saint 1968, le divin Pédagogue nous invite à jeter un regard de pieux enthousiasme sur l'indicible richesse de notre vie chrétienne, qui prend sa source au baptême, qui se déroule en service, qui identifie au souverain Prêtre et à la souveraine Victime, qui témoigne l'amour pour s'épanouir en béatitude éternelle.

Le Christ de notre baptême est celui qui nous lave..., qui nous marque à son image..., qui nous veut serviteur..., qui nous engage dans son sacrifice..., qui nous consacre à sa mission d'amour.

1. Le Christ de notre baptême est celui qui nous lave

Notre renaissance surnaturelle s'effectue par l'eau et l'Esprit Saint. La vie chrétienne, en effet, commence par une plongée dans la piscine baptismale: dans son précieux sang, le Christ purifie l'âme de la tache originelle et y dépose, en germe que fécondera l'Esprit Saint, une participation à sa vie, à sa passion, à son triomphe et à sa gloire: «Si je ne te lave, tu n'auras pas part avec moi.»

Il nettoie ensuite dans le bain pénitentiel cette robe nuptiale qu'hélas! nous salissons en cours de route. Enfin, par des épreuves de toutes sortes reçues avec amour: humiliations, contrariétés, maladies, souffrances, il la blanchit toujours davantage. Quand je résiste, il me dit comme à Pierre: «Si je ne te lave tu n'auras pas part avec moi», car c'est en proportion de notre pureté intérieure qu'il augmente en nous la vie divine.

Continuons à nous livrer généreusement aux purifications actives qui fascinent le bon Sauveur et provoquent son action, à la pénitence qui efface les fautes et déracine les défauts, à l'exercice de nos vœux qui détachent des biens de ce monde, de la chair et de l'esprit. Nous mériterons ainsi les purifications passives: fournaise divine où un feu ardent pénètre l'âme, la consume jusqu'à la moelle et lui laisse un parfum de pureté qui séduit le céleste Amant. Il lui donne enfin le baiser de l'union et contracte avec elle un mariage mystique qu'il scellera un jour dans la gloire.

Donc, *première condition de notre vie chrétienne: nous laisser purifier dans le sang du Christ Jésus.*

2. Le Christ de notre baptême est celui qui nous marque à son image

En lui, nous devenons enfants de Dieu. La vie chrétienne est une ressemblance divine dans le Fils.

«Je vous ai donné l'exemple pour que vous agissiez comme j'ai agi.» L'imitation de Jésus: voilà donc l'engagement de notre consécration baptismale. La grâce sanctifiante nous communique le pouvoir d'accomplir des actes semblables aux siens.

L'âme, comme un cliché, exposée à la lumière du Saint Esprit et au fluide mystérieux de la grâce, révèle peu à peu le portrait du Seigneur imprimé en son fond. Sa bonne volonté en fixe les traits, en dégage les détails; pellicule vivante, surnaturellement sensibilisée, elle pose des actes qui expriment sa bonté, ses vertus, et dans lesquels il se reconnaît lui-même.

La semence divine se développe en nous à chaque fois que, mus par l'Esprit Saint, nous copions le Maître. Notre croissance surnaturelle est mesurée par le reflet qu'ont de lui nos pensées, nos désirs et nos actions.

Regardons et écoutons le Christ...: le plus humble de ses gestes, la plus simple de ses paroles sont devenus pour nous source de vie et de grâce. Regardons-le: il nous montre, par son exemple et par toute sa vie, notre ligne de conduite. Travaillons avec ardeur, acharnement, passion et amour à lui devenir des copies authentiques; car *le reproduire, le transparaître, lui être un miroir vivant: voilà la deuxième condition de vie chrétienne.*

3. Le Christ de notre baptême est celui qui nous veut serviteurs

La vie chrétienne est un service à la suite du Maître. Il nous l'enseigne de façon renversante: de ses mains et avec quel cœur il lave les pieds de ses Douze! Il commence par Pierre, chef du collège apostolique, sans doute pour symboliser qu'il est au service de son Église et des âmes. «Le Christ s'est livré pour elle, dit saint Paul, afin de la sanctifier en la purifiant» (Ép 5, 25).

Il faut que le service occupe une place centrale dans la vie chrétienne pour que Notre-Seigneur l'illustre d'une manière aussi significative. Le Christ s'est montré le serviteur fidèle de son Père : « Me voici pour faire ta volonté... Je fais toujours ce qui lui plaît », et le serviteur dévoué de ses frères : « Le Fils de l'Homme est venu pour servir... Je suis au milieu de vous comme celui qui sert. »

Et s'il nous sert !... En tant que Créateur d'abord : n'est-il pas le Verbe de Dieu qui, pour répondre à nos besoins, conserve tout dans l'existence et nous insuffle la vie à la seconde ? N'est-il pas notre Sauveur qui, de son premier souffle jusqu'à son dernier, s'est dépensé pour nous ? Il convertit les pécheurs, consola les affligés, guérit les malades, évangélisa les foules et enfin se livra à la mort. N'est-il pas notre médiateur qui, au ciel, intercède sans cesse pour nous ? N'est-il pas dans l'Eucharistie, jusqu'à la fin des temps, notre victime et notre pain ?

Le disciple, qui n'est pas plus que son maître, doit servir. Le Seigneur, nous l'avons vu, loin de fuir les humbles tâches, a poussé les prévenances jusqu'à se vouer à la fonction d'esclave.

Donc le baptisé, selon la volonté de son Chef, est un serviteur. Réalisons-le dans le concret. Servons d'un cœur dégagé de l'estime, de la louange, des honneurs, du rang, des titres, des préséances, de tout ce qui, en définitive, n'est que poussière de tombeau. Soyons disponibles dans les mains de Dieu, sans retour sur nous-mêmes, toujours avec un esprit de service. Allons indifféremment aux fonctions charitables et aux tâches obscures ; car, *servir l'Église et les âmes, dans le Christ et comme lui : voilà une troisième condition de vie chrétienne.*

4. Le Christ de notre baptême est celui qui nous engage dans son sacrifice

Emportées sur les ailes de l'Esprit Saint, pénétrons plus avant dans le cœur du divin Maître. Voyons-le, non plus aux pieds de ses apôtres, mais à table avec eux. Les immortelles paroles: «Ceci est mon corps..., ceci est mon sang», tombent pour la première fois, l'une sur le pain, l'autre sur le vin, et les transforment en sa chair livrée et en son sang versé.

Ce miracle inouï, ce mystère que le Verbe incarné inaugure: voilà le cœur de la vie chrétienne. Il laisse ainsi à son Église le sacrifice de la nouvelle alliance, et lui institue un sacerdoce ministériel pour l'offrir en tous temps et en tous lieux.

Seul le prêtre est revêtu du pouvoir d'accomplir les gestes du Seigneur et de consacrer le pain et le vin; mais le peuple de Dieu tout entier offre spirituellement avec le Christ l'oblation pure.

En effet, nous dit Vatican II dans *Lumen Gentium:* «Les fidèles, en vertu de leur sacerdoce royal, ont part à l'offrande eucharistique[7].» Et Pie XII, dans *Mediator Dei:* «Par le bain du baptême, en effet, les chrétiens deviennent à titre commun membres dans le corps du Christ-Prêtre, et par le 'caractère' qui est en quelque sorte gravé en leur âme, ils sont délégués au culte divin: ils ont donc part, selon leur condition, au sacerdoce du Christ lui-même.» «La sainte liturgie est donc le culte public que notre Rédempteur rend au Père comme Chef de l'Église; c'est aussi le culte rendu par la société des fidèles à son Chef et, par lui, au Père éternel[8].»

C'est sous les signes sacramentels et le rite non-sanglant que l'entrée dans le drame de la passion fut proposée aux apôtres ce jour-là et, en eux, aux chrétiens du présent et de l'avenir. La messe d'aujourd'hui nous apporte donc le sacrifice du sang versé, sous l'enveloppe du sacrifice non sanglant institué à la cène par le Sauveur, pour être reproduit par ses prêtres et offert par tout son corps mystique, jusqu'à la fin des temps. Quel sublime spectacle pour le ciel et la terre que ce sacrifice ininterrompu du Christ et de son Église!

La participation à la messe est pour nous l'exercice obligatoire d'une fonction essentielle. Nous sommes baptisés dans le sang du Sauveur pour son sacrifice, en vue de notre résurrection glorieuse. Notre consécration baptismale nous joint au Christ Prêtre. Notre vie et nos souffrances nous unissent au Christ Victime. Dans son oblation intime doit figurer celle de ses disciples. À la cène, Jésus, le souverain Prêtre, s'immolait lui-même en tant que Victime. Dans son esprit, il offrait aussi à l'avance tous les membres qui composeraient, au cours des siècles, son corps mystique, avec toutes les souffrances qu'à tour de rôle chacun aurait à subir. Ces souffrances offertes dans la pensée de Notre-Seigneur à la cène et sur la croix, le sont aujourd'hui dans leur réalité concrète. À mesure qu'un baptisé égrène ses jours en état de grâce, il vit dans son corps sa part de ce sacrifice spirituel. La souffrance des membres, en se réalisant, concourt à l'achèvement de la victime totale: «J'achève en ma chair ce qui manque à la passion» (Col 1, 24).

Par notre baptême nous devenons un avec le Christ Serviteur «qui donne sa vie en rançon pour la multitude.»

«Nous devons aussi donner notre vie pour nos frères.» L'onction du baptême nous habilite à exercer ce sacerdoce spirituel. Le caractère, qui nous marque à

l'effigie du Christ, nous rend par conséquent conformes au Crucifié et nous impose le devoir de nous
offrir dans son sacrifice, pour le salut du monde.

Tout dans la vie d'une âme chrétienne peut avoir
valeur sacrificielle; tout, de la moindre de ses fatigues
jusqu'aux terribles souffrances de son agonie, peut
faire d'elle une «hostie sainte, vivante et agréable à
Dieu».

Si la nécessité de s'offrir soi-même et d'être l'hostie de son sacrifice s'impose à tout fidèle, combien
plus à une âme consacrée et, j'ose ajouter, à une
Dominicaine Missionnaire Adoratrice! Que chacun de
nos instants soit pour nous l'heure du sacrifice; que
chaque circonstance en soit la matière, qu'une intention d'amour en soit la « forme substantielle ».

L'Hostie que nous offrons avec le prêtre à l'autel
appelle l'hostie que nous sommes de par notre baptême et notre consécration religieuse. Répondons à
l'Hostie par l'hostie.

Participons activement au sacrifice du Christ; im-
molons-nous profondément avec lui, dans l'intimité
de notre cœur, sur l'autel de sa volonté. *L'engagement
dans le sacrifice: voilà la condition essentielle de notre vie
chrétienne.*

5. Le Christ de notre baptême est celui qui nous consacre à sa mission d'amour

La passion du Christ est la preuve la plus élo-
quente de son amour: «Il n'est pas de plus grand
amour que de donner sa vie pour ceux qu'on aime... Il
faut que le monde sache que j'aime mon Père... Pour
que le monde sache que je les ai aimés comme tu m'as

aimé... À ceci nous avons connu l'Amour, celui-là a donné sa vie pour nous.»

La passion du Christ, écrit Journet, est indissolublement un sacrifice et *un acte d'amour*.

L'effusion du sang: voilà l'élément matériel du sacrifice du calvaire et *l'acte d'amour:* son élément formel ou son âme.

La merveilleuse Eucharistie, sortie du cœur du Maître au soir du jeudi saint, et l'unique sacrifice qu'elle perpétue, sont l'ultime manifestation de toute une vie qui s'est donnée et se donne en un acte d'amour qu'aucun être humain ne saurait produire: acte qui ne connaît d'autre origine que l'union hypostatique où le Verbe lui-même consacre Prêtre son humanité. Dans le temple vivant des entrailles de Marie commence alors, pour ne jamais finir, l'oblation d'amour: l'*Ecce venio*.

Cette offrande de sa volonté est cause de notre salut. Avant de le clouer à la croix, elle le couche dans une crèche. Avant d'éclater ses veines à Gethsémani, elle ruisselle de sueur son front à Nazareth. Avant de le jeter sur le chemin du calvaire, elle le mène sur les routes de Palestine. Avant de lui inspirer l'Eucharistie, elle lui suggère le changement de l'eau en vin et la multiplication des pains. À la cène, elle le pousse à anticiper et, par sa puissance, à rendre présente et à perpétuer, sous un signe, l'immolation du lendemain. «Faites ceci en mémoire de moi», c'est-à-dire: par les mêmes rites sacramentels, actualisez aussi l'élan de mon cœur qui m'immole, et pour jusqu'à la fin du monde, sous le signe du pain et du vin consacrés.

Depuis, sous l'hostie que tiennent les doigts du prêtre et dans la coupe qu'élèvent ses mains, Jésus Christ est là avec la même volonté qu'à la cène et sur la croix. Le prêtre est chargé, par lui et en son nom, de rendre actuelle non seulement sa mort, mais aussi son offrande intérieure et ses sentiments de Victime.

Puisque la passion du Christ et l'Eucharistie sont l'ultime témoignage d'amour..., baptisés pour le sacrifice, nous le sommes, par conséquent, pour témoigner de cet amour.

«Je vous laisse un commandement nouveau: aimez-vous *comme* je vous ai aimés», nous dit le Maître; et Jean, à sa suite: «Petits enfants, n'aimons ni de mots ni de langue, mais *en acte*, véritablement. À cela nous saurons que nous sommes dans la vérité» (1 Jn 3, 18-19). Et saint Paul: «Suivez *la voie de l'amour, à l'exemple du Christ* qui nous a aimés et s'est livré pour nous, s'offrant à Dieu en sacrifice» (Ép 5, 2).

Pour répondre en toute sincérité à cet appel exigeant de notre baptême, il faut manger l'hostie qui contient Jésus dans son état de Victime d'amour. Manger le corps du Christ et boire son sang, c'est recevoir en soi cette énergie chrétienne qui nous porte à nous immoler nous aussi. Le cœur du Christ réchauffe notre être de grâce, ébranle nos facultés spirituelles, les met en mouvement. En un mot: dans l'Eucharistie, notre Sauveur, au souffle de son Esprit, aspire l'âme, se l'assimile, lui donne son impulsion à lui, son élan, pour qu'elle soit toujours en acte et en don d'amour.

Chez l'âme que le témoignage d'amour passionne, l'action apostolique ne comporte aucun risque: le contact avec le monde, loin d'affecter sa vie intérieure, la stimule. Le succès ne la gonfle pas plus que ne l'abat l'échec. Elle se porte vers ses semblables avec une charité toute débordante. Le trop plein de son amour de Dieu lui ouvre la bouche, lui meut les pieds, lui délie les mains, la convertit en une hostie offerte sans réserve, prête à mourir pour tous. Elle entretient une seule ambition: qu'à travers elle on découvre le don d'amour.

Se laisser ainsi purifier, imiter le Maître, servir, se sacrifier jusqu'à devenir une hostie dans laquelle se joue, s'exprime et se véhicule l'amour *in finem: voilà le sommet de la vie chrétienne* et le rôle spécifique de la Dominicaine Missionnaire Adoratrice.

Mes filles bien-aimées, en terminant avec vous ce modeste entretien, je demande avec force au Cœur Eucharistique cette insigne faveur: que l'hostie soit toujours le sceau de notre institut. Qu'elle brille sur lui partout où il passe. Que l'acte d'amour soit sa vie, son témoignage, le secret de l'unité de ses membres et la source de son apostolat.

11 avril 1968

EN TÉMOIGNAGE D'AMOUR

Avec une piété profonde et dans l'action de grâce, revivons ces heures qui évoquent les derniers moments d'intimité du Maître avec ses apôtres. Pénétrons avec respect dans l'enceinte du cénacle où Jésus, avec une tendresse divine, prépare les siens à la grande séparation.

Relisons à genoux ces pages sublimes...

Avant de nous quitter, notre divin Sauveur pose deux actes qui frappent les sens, l'imagination, l'esprit et le cœur, et nous laissent à jamais: l'un, ses exemples; l'autre, son sacrifice. Les deux mettent le comble à ses enseignements et aux preuves de son amour.

Pour notre bonheur éternel, pour que là où il est, nous soyons un jour et y occupions la place qu'il va nous préparer, lui, «la voie, la vérité et la vie», nous invite avec d'amoureuses instances à le suivre, à l'imiter. Il réclame notre *témoignage*: «Mes petits enfants, je vous donne un commandement nouveau: aimez-vous les uns les autres. Oui, *comme* je vous ai aimés, vous aussi, aimez-vous les uns les autres. À ceci tous vous reconnaîtront pour mes disciples: à cet amour que vous aurez les uns pour les autres.» Peu après, il le répète: «Voici mon commandement: aimez-vous les uns les autres comme je vous ai aimés.» Et il ajoute: «Il n'est pas de plus grand amour que de donner sa vie...»

Témoignage: ce mot, en vogue aujourd'hui dans l'Église, est sorti tout chaud du cœur du Maître, comme d'un foyer ardent, lors du discours après la cène: «Quand viendra le Paraclet que je vous enverrai, il me rendra *témoignage*, et vous aussi, vous témoignerez.»

«Moi, votre Maître, je vous ai donné l'exemple... Ce que je fais, vous devez le faire... Le disciple n'est pas plus que le Maître... Faites ceci en mémoire de moi.» C'est clair, c'est évident: il nous consacre au *témoignage d'amour*, depuis l'humble *service* jusqu'au *don de soi* total. Seul l'Esprit Saint peut nous en rendre capables; c'est lui qui l'inspire et c'est par sa force qu'on l'accomplit.

Qu'est-ce que le *témoignage*?... L'affirmation d'une chose comme vraie parce qu'on l'a vue ou entendue ou vécue soi-même; l'acte par lequel on prouve de sa véracité: acte qui prend forme de discours, d'attitude ou de vie. Rendre témoignage, c'est reconnaître vraie une chose et le manifester par son agir.

Le christianisme est un *témoignage* de vie. Être *témoin*, dans le sens chrétien, signifie être soi-même la preuve, le signe, la confirmation de la vérité évangélique, en se comportant comme le Christ s'est comporté lui-même. «Le Fils de l'homme est venu pour *servir* et *donner sa vie* en rançon pour la multitude» (Mt 20, 28).

Le Sauveur met sous nos yeux deux scènes, synthèses lumineuses de sa vie, qui illustrent avec simplicité ce que doit être celle de ses disciples. Deux scènes qui se présentent à nous comme bases du christianisme: *servir* et *donner sa vie*.

Les 33 ans de son existence en furent le *témoignage*. À partir de ses petits pas d'enfant pour aider sa mère dans la maison de Nazareth ou pour aller lui chercher de l'eau au puits, de ses premiers coups de marteau pour seconder Joseph à l'atelier, jusqu'à ses courses apostoliques pour secourir les pauvres, les malades, les pécheurs – «Venez à moi, vous tous qui ployez sous le fardeau, et je vous soulagerai» (Mt 11, 28) – tout dans sa vie fut un *service* dans un *don total de soi*. Mais en ce soir solennel, pour le mieux signifier, il pose des gestes qui nous le crient en des accents plus forts et plus brûlants d'amour.

Notre vie doit donc être l'expression authentique de l'humble *service d'amour* et du *don de soi par amour*. Elle doit aussi présenter aux autres un *témoignage* qui montre le Christ, qui est un appel à le suivre et un moyen de communier à sa vie. *Témoin: mot lourd de sacrifices. Témoignage: transparence du Christ, Serviteur* et *Victime*, à travers une pauvre personne humaine.

1. Le Fils de l'homme est venu pour servir

«Si je vous ai lavé les pieds, moi le Seigneur et Maître, vous devez vous laver les pieds les uns les autres. Je vous ai donné l'exemple, pour que vous agissiez comme j'ai agi.»

Quand on a parcouru des routes poussiéreuses en certains pays où il n'y a pas d'égoûts, où des ânes circulent à longueur de jour; quand on y a vu, après une pluie, se promener dans l'eau boueuse des déchets de toute nature; quand on pense que les faits relatés dans l'Évangile se sont déroulés il y a 2000 ans, et en Palestine, on devine ce que des pieds nus ramassaient dans leurs courses; on comprend l'étonnement de Pierre et sa résistance quand il vit son Maître à genoux devant lui.

Quand on y a constaté la pénurie d'eau et l'économie qu'on en fait, on conclut facilement que Notre-Seigneur ne l'a pas renouvelée pour chacun de ses apôtres, et que les pieds des Douze ont été lavés dans la même eau qui devenait, par conséquent, de plus en plus dégoûtante. On comprend pourquoi ce service était réservé aux esclaves et on lit mieux à travers ce geste qu'en tous les précédents, le cœur du Christ. Il nous dit, d'une façon plus touchante encore, que pour nous purifier de nos fautes, il ne recule devant rien; qu'il accepte volontiers et avec amour les pires humiliations: celles qu'on lui fera subir demain au prétoire, sur le chemin du calvaire et sur la croix. Il nous dit qu'être son disciple signifie être embauché au service de l'Église – figurée ici par Pierre et les autres apôtres –; que ça implique d'humbles actions, comme celle qu'il vient d'accomplir, et que rien ne doit nous paraître trop humiliant quand il s'agit du bien des âmes.

Pour rendre *témoignage* au Christ, nous devons donc laver les pieds de nos semblables. Qu'est-ce à dire? Laver les pieds, c'est s'oublier pour penser aux autres...; c'est se mettre à genoux comme Jésus... devant le chef, l'ami et même... le traître; c'est se placer parfois dans des situations humainement anormales: «Moi, votre Maître et Seigneur...» Il ne s'agit pas de refuser des charges importantes mais de les remplir, comme le Maître et avec lui, dans l'attitude du serviteur: lui, le Fils de Dieu, le souverain Seigneur nous a lavé les pieds!...

Laver les pieds..., c'est accepter des fonctions le plus souvent méprisées et les accomplir avec un grand amour...; c'est se livrer à des tâches qui bouscu-

lent les rangs, qui renversent des valeurs personnelles, qui inclinent, courbent et abaissent, qui mettent
en dessous des autres, qui salissent les mains, qui
répugnent à la nature, qui dégoûtent, et qu'on remplit
à un rythme quotidien. L'esclave lave les pieds de son
maître dès que celui-ci arrive du dehors; il ignore
l'heure de son retour, et parfois il attendra toute la
nuit. Notre amour de l'autre ne sera chrétien que s'il
nous rend esclave. «Aimez-vous les uns les autres
comme je vous ai aimés... Je vous ai donné l'exemple...
C'est à cela qu'on vous reconnaîtra comme mes disciples.» On le voit: la marque du disciple se traduit
dans les services rendus au prochain.

Quel abaissement pourrait nous coûter, après
avoir contemplé Notre-Seigneur à genoux devant ses
apôtres, leur lavant les pieds; après avoir compris la
leçon d'humilité qu'il nous offre et les exigences du
témoignage qu'il nous demande?

2. Donner sa vie en rançon pour la multitude

«Puis, prenant du pain et rendant grâces, il le
rompit et le leur donna, en disant: 'Ceci est mon
corps, qui va être livré pour vous; faites ceci en
mémoire de moi'.» Voilà l'expression suprême de son
amour! Son cœur invente un moyen de *donner sa vie*,
non seulement une fois pour toutes sur la croix, mais
de perpétuer à jamais et en tous lieux le don de sa
chair livrée et de son sang versé.

Pour manifester le Christ, nous devons non seulement *servir*, mais aussi et surtout *donner notre vie*.
«Faites ceci en mémoire de moi»: selon les exégètes, il
s'agit de l'institution du sacrement de l'ordre, de la
consécration des premiers évêques. Mais ne peut-on

pas voir, sans blesser la vérité, que Notre-Seigneur, par ces paroles, nous appelle à nous offrir avec lui en hostie, et que le «Faites ceci en mémoire de moi» s'adresse à tous? Parce qu'en vertu du pouvoir sacerdotal que nous confère le baptême – celui d'offrir nos corps –, nous participons à son oblation intime, dans laquelle nous entrons de par notre incorporation à lui, en tant que membres de son corps mystique. «Baptisés dans le Christ, nous dit saint Paul, vous avez revêtu le Christ... Je vous exhorte à offrir vos personnes en hostie vivante, sainte, agréable à Dieu : c'est là le culte spirituel que vous avez à rendre» (Ga 3, 27 ; Rm 12, 1).

La manducation du corps du Christ est le moyen par excellence de communier aux sentiments du Sauveur, de s'identifier à lui, de le reproduire, d'aimer comme il a aimé... C'est le moyen par excellence de rendre *témoignage* à son mystère intime : à cette offrande volontaire et totale de lui-même qui, sans cesse, mouvait sa volonté et animait chacune de ses actions... ; à cette oblation qui a trouvé dans sa mort sur la croix son point culminant, sa suprême et parfaite expression. Avant que sa vie ne passât dans son dernier souffle entre ses lèvres glacées et rigides, durant 33 ans, en toutes ses paroles et actions, il nous la donnait.

«Faites ceci en mémoire de moi» : que tous vos *témoignages* d'amour de Dieu, de charité fraternelle ne soient que l'expression d'un *don de vous-mêmes* qui aspire à sa parfaite réalisation : la mort.

Témoin de l'Amour qui s'humilie..., qui s'abaisse..., qui *sert*, le vrai chrétien est avant tout le *témoin* de l'Amour qui *se donne*..., qui s'immole..., qui se sacrifie jusqu'à la mort. Le baptisé doit être en offrande de lui-même et tendu vers le *don total*. Cette lourde responsabilité incombe à chaque chrétien. Il doit révéler, par ses paroles et sa conduite, la réalité mystérieuse à laquelle il adhère en assistant au saint sacrifice, et à laquelle il communie en recevant l'hostie. Communier, c'est s'offrir, se clouer à la croix puis devenir, dans sa vie réelle de chaque instant, un signe du *don d'amour*. Toutes nos actions, même les plus communes, devraient respirer l'encens du sacrifice, *témoigner* de la puissance de l'hostie et appeler les âmes à la recevoir.

Dominicaines Missionnaires Adoratrices!... Notre mission spéciale nous oblige à proclamer et à vivre ce mystère d'une façon frappante, lisible, qui parle et invite. La Dominicaine Missionnaire Adoratrice doit faire transparaître dans sa vie le visage du Christ se prenant en mains et s'offrant en sacrifice pour le salut du monde. Elle doit confesser de bouche, d'esprit et de cœur, et par chacun de ses actes, le *don d'amour: voilà en quoi consiste son témoignage.*

La Dominicaine Missionnaire Adoratrice, comme *témoin*, doit donc manifester aux âmes le Christ qui se donne tout entier dans un élan d'amour *in finem*: voilà ce qu'elle doit reproduire fidèlement et constamment. Tous ses désirs, ses préoccupations, ses efforts doivent tendre à faire revivre en elle ce geste de la cène perpétué à l'autel, à le rayonner en n'importe quelle charge, en n'importe quelle situation et partout où elle se trouve.

«Ceci est mon corps livré, ceci est mon sang versé... Il n'est pas de plus grande preuve d'amour que de *donner sa vie.*»

Donner sa vie signifie, dans le concret, être prête à sacrifier, par amour pour le Christ et au besoin, « son temps »: celui qu'on pourrait fort bien économiser parce que les autres en abusent..., parce qu'on vieillit..., parce qu'on en a beaucoup dépensé!... « Son temps » : celui qu'on pourrait légitimement se réserver pour se détendre, se reposer, se cultiver...

Donner sa vie veut dire immoler ses talents, les utiliser dans l'obéissance et pour l'avantage de l'Église, de sa famille religieuse ou des âmes...; les laisser dans l'ombre, si l'autorité ne nous fournit pas les moyens de les développer...

Donner sa vie, c'est la dépenser goutte à goutte, à la minute, en un travail journalier..., interminable..., qui ennuie..., qui pèse..., qui fatigue..., qui épuise..., qui réclame toutes nos forces, toutes nos énergies et qui ne nous apporte guère de consolations.

Donner sa vie équivaut à supporter avec amour, pour «achever en sa chair ce qui manque à la passion du Christ pour son corps, l'Église» (Col 1, 24), les tortures physiques qui brisent, les peines de l'esprit qui jettent dans l'angoisse et les souffrances morales qui accablent. En un mot, c'est accepter dans l'abandon toutes les épreuves, toutes les contrariétés qui jalonnent notre route.

Donner sa vie, c'est en somme mourir à soi-même pour le Christ; et ce sera un jour rendre, comme lui et avec lui, le dernier soupir pour le salut du monde.

Puisse l'Esprit d'intelligence et de sagesse nous aider à saisir et à bien vivre la leçon du jeudi saint. Que Notre-Dame, la servante du Seigneur, celle qui a fourni, dans une réalité à la fois physique et mystique, sa substance pour la Rédemption..., oui, que la Vierge Mère, copie parfaite de son divin Fils, nous initie à notre rôle de *témoin*. Qu'elle soit toujours près de nous pour nous guider et nous soutenir. Puis quand la mort viendra achever en nous son œuvre, que son froid glacera notre chair, paralysera nos sens, affaiblira nos facultés, ralentira les battements de notre cœur, qu'elle soit là, notre bonne mère, au pied de notre croix! Qu'elle soit là pour nous obtenir la force et le courage d'offrir notre vie en un suprême *témoignage d'amour*, en union avec notre cher Sauveur, pour la gloire de Dieu et le salut de nos frères.

3 avril 1969

DIEU EST AMOUR

Mes très chères filles,

Avec notre Saint-Père le pape présidant, le jeudi saint 1968, les rites du lavement des pieds et de la cène du Seigneur, concentrons notre réflexion sur le point central de l'événement célébré. Ce point central, dit-il, c'est clair, c'est l'amour. Le don sanglant est reproduit, multiplié et perpétué dans le don du sacrifice eucharistique. C'est impossible à comprendre si l'on ne pense pas à l'amour qui dans cette soirée a inventé cette manière extraordinaire de se communiquer. Il nous est impossible d'accueillir comme il faut cette présence réelle, cette présence immolée du Christ dans l'Eucharistie, si nous n'entrons pas dans cette projection d'amour qu'il dirige vers nous et qui veut de nous une réponse. Tout le christianisme est là. Le christianisme est union, dans le Christ, de la vie divine et de la nôtre. Le Christ est appropriation de Dieu et Dieu est charité, Dieu est amour[9].

Dieu est amour

Ce mot le définit excellemment, car Dieu n'est qu'amour!... Amour substantiel et nécessaire, amour parfait qui s'épanouit en amitié. Au sein de sa nature une et indivisible, Dieu se communique éternellement en une société de trois Personnes: le Père, le Fils et le Saint Esprit. La troisième est le Don réciproque du Père et du Fils, le Souffle que produit leur mutuel amour, qui les meut et les jette incessamment l'un dans l'autre. L'Esprit Saint est donc l'Amour en personne qui jaillit du Père et du Fils; il est, pour parler notre langage, le cœur de Dieu.

Dieu, amour parfait, océan sans limite et sans fond, source infinie et universelle, se diffuse en surabondance. C'est jusque-là qu'il nous faut monter pour entrevoir la profondeur du mystère que nous fêtons aujourd'hui.

1. Faisons l'homme à notre image et ressemblance

Sur ce parchemin vivant, *à la lumière de sa sagesse éternelle, Dieu écrit* dans le temps, de sa propre main et en trois chapitres, *le sublime livre de l'amour.*

Pour l'homme qu'il établit roi et maître de sa création, il tire du néant un palais de merveilles... L'univers! une féerie, où dans l'espace incommensurable pullulent des paillettes cristallines qui renvoient à leur Auteur le reflet de sa perfection. En elles éclate l'existence de l'Être divin, brille la lumière de son intelligence et flambe le feu de son amour. Toutes aimantées, elles se recherchent; les unes pour se juxtaposer, les autres pour s'unir et se reproduire. Elles expriment *ad extra* l'Amour. Comme des miroirs, elles réfléchissent aux yeux de l'homme la beauté du Créateur. Comme des ondes sonores, elles lui transmettent sa voix qui lui dit: «Je t'aime... Donne-moi ton cœur.»

Scrutons la genèse du monde. Nous sommes au sixième jour. Dans son Verbe, par un acte de sa

114

volonté, l'Amoureux divin crée un vivant à son image. Il allume en lui la lumière de l'esprit pour le connaître, et le feu de l'amour pour l'aimer. D'un peu de glaise, avec soin et tendresse, il modèle *le corps sur lequel il inscrit son dessein d'amour*. « Homme et femme, il les créa. » Il les bénit et leur commande de se multiplier. À travers le don mutuel de leur corps, ils s'unissent l'un à l'autre dans la connaissance et l'amour. Dieu contemple son chef-d'œuvre et caresse son éternel projet : épouser cette nature, reproduire en chacun de ses enfants l'image de son Fils, se constituer une famille innombrable qui partagera son bonheur, sa félicité sans fin. *Ainsi commence le premier chapitre du livre de l'amour.*

Avec cette créature de son choix, dès le principe, le divin Ami entre en relation d'amitié : « Il se promenait et causait intimement avec eux, dans le jardin à la brise du soir » (cf. Gn 3, 8). Mais hélas ! par la désobéissance, la bien-aimée coupe ce lien : ses fiançailles sont rompues, le péché durcit son cœur et l'éloigne de son Amant. Lui poursuivra quand même son irrévocable dessein d'amour... « Je répandrai sur vous une eau pure et vous serez purifiés. Je vous donnerai un cœur nouveau, je mettrai en vous un esprit nouveau, j'ôterai de votre corps le cœur de pierre et je vous donnerai un cœur de chair. Je mettrai mon esprit en vous » (Ez 36, 25-28) dit Yahvé.

Pendant des millénaires, Dieu prépare l'humanité à recevoir l'objet de sa promesse. Sous les Saintes Écritures, on sent partout palpiter son cœur. Elles révèlent à la fois la force et la douceur de son amour. Il multiplie ses avances, ses reproches, ses miracles, ses attentions... Il s'approche toujours plus de son aimée... Bientôt, il comblera la distance qui l'en sépare et canalisera en un *cœur* bien humain, mais *nouveau*, la

115

plénitude de son amour. *Ainsi se termine le premier chapitre du livre de l'amour.*

2. Et le Verbe se fait chair

Les temps sont révolus. Le Fils de Dieu s'incarne dans le sein d'une vierge, à l'ombre de l'Esprit. Au fond d'une étable..., sur la paille d'une crèche..., comme un tout-petit, l'Amant divin nous regarde, nous sourit et nous tend les bras... *Ainsi commence le deuxième chapitre du livre de l'amour.*

Le Verbe de Dieu vient de se bâtir un corps en tout semblable au nôtre, pour nous donner, à travers lui, *le cœur nouveau* selon le projet de sa miséricorde. Ce *corps* est l'instrument conjoint de sa nature divine, par lequel l'Amour se manifeste et nous crie avec plus de force: «Je t'aime... Donne-moi ton cœur.»

La descente du Verbe de Dieu parmi nous est une démarche plus prenante encore que la création. Cette fois, dans la personne de son Fils, Dieu épouse notre nature et, sur des fibres de chair, il nous traduit son amour. Sa Parole se rend plus accessible; elle résonne sur des lèvres humaines pour mieux se faire saisir et pour nous aider à répondre généreusement à ses appels.

Comme tout homme, Jésus, par les gestes de son corps, par les regards de ses yeux, par l'onction de ses mots, exprime les sentiments de son âme et nous donne son cœur, *le cœur nouveau*; il nous introduit dans ce sanctuaire où les trois divines Personnes s'aiment et où tout être humain reçoit et puise l'amour. En passant par cette porte, les foules, les pauvres, les malades, les apôtres goûtent la plus

116

affectueuse cordialité et, sans trop le savoir, l'amour infini.

Jésus nous aime au point de désirer avec impatience l'heure où il nous en donnera le plus grand témoignage: sa vie pour notre rançon. Enfin, il livre son corps aux bourreaux et, dans d'indescriptibles tortures, il meurt sur un gibet. Ce sang qui coule jusqu'à la dernière goutte, les plaies béantes qui le couvrent des pieds à la tête, les affres de la cruelle agonie qui lui arrachent son dernier soupir, le coup de lance qui perce son cœur nous disent avec une éloquence poignante: «Je t'aime... Donne-moi ton cœur.»

La Rédemption, c'est *le cœur nouveau* qui s'ouvre pour nous donner accès, pour manifester à tous les hommes la chaleur de son accueil. La Rédemption, c'est le sang de la nouvelle alliance qui se répand sur la terre et qui rétablit entre Dieu et l'homme les liens de l'amitié. Dans cet acte d'amour du calvaire, l'humanité, «cet enfant prodigue», se jette dans les bras de son Père et reçoit le baiser de la réconciliation.

Sur la croix, dans un sanglant holocauste, le divin Amant paie les noces de son épouse. Sa mort volontaire termine la course de son amour humain. C'en est la dernière, la souveraine expression: «Il n'y a pas de plus grande preuve d'amour que de donner sa vie pour ceux qu'on aime.» *Ainsi se termine le deuxième chapitre du livre de l'amour... Le divin Amant l'écrit, à la lumière de sa sagesse, sur son propre corps, et en trace les dernières lignes avec son propre sang...*

3. Prenez et mangez, ceci est mon corps livré

Cet homme est le Tout-Puissant. Cette chair qu'il vient de nous sacrifier dans la mort, il lui redonnera la vie: il va la ressusciter. Ce corps, qui fut pour lui le moyen suprême d'expression de son amour et de son don de lui-même à l'humanité, sera désormais imprégné du souffle de l'Esprit et porteur des germes de la résurrection. À travers lui, par la foi au Christ, le Père et le Fils nous donnent «l'esprit nouveau», leur Esprit: l'anneau de nos noces éternelles.

Le troisième chapitre du livre de l'amour débute avec les adieux du Maître... Cette fois, l'Amoureux divin s'unit l'âme humaine d'une façon renversante!... inattendue!...

Auparavant, comme il l'a promis, il répand sur elle une eau limpide qui la purifie de toutes ses souillures. Le lavement des pieds ne symbolise-t-il pas le baptême qui lave l'âme et la revêt de la robe nuptiale, l'introduit au banquet qui suit l'alliance et la consomme?

Au soir de ce dernier repas, les yeux rivés sur la tragédie du lendemain – mort sur la croix – le divin Amant rêve d'immortaliser ce témoignage ultime d'amour. «Ceci est mon corps livré... Ceci est mon Sang versé...», dira-t-il sur un peu de pain et de vin. C'est simple; pourtant, il vient de créer un signe d'une puissance inouïe, signe qui le rend à jamais présent parmi nous et qui perpétue son sacrifice.

Un autre désir tourmente son cœur et provoque sa toute-puissance. À cause du dynamisme dont sera pourvue sa chair ressuscitée, il veut un contact physique pour nous communiquer, à travers elle, toutes les vertus de sa sainte humanité, tous les mérites de sa vie, tous les trésors de sa passion, toutes les semences de sa résurrection. «Prenez et mangez, ceci est mon corps.» La table du banquet nuptial est dressée, les convives s'avancent!... Avec ce corps, chacun mange *le cœur nouveau*. Le divin Ami s'épanche en qui le reçoit et lui souffle avec une suavité extrême: «Je t'aime... Donne-moi ton cœur.» Puis, c'est la fusion!... c'est l'identification.

Le cœur nouveau devenu *Eucharistie* est le lieu des mystiques épousailles. Sa personne est le Verbe spirant l'Amour. En lui, nous sommes dans le Père et nous buvons à même la source. Les deux nous donnent «l'esprit nouveau», leur Esprit, dans lequel toute leur vie intime se repose, dans lequel le mystère de leur amour se noue et dans lequel nous sommes épousés. Ici l'Époux, dans un cœur à cœur, se livre, non pas à l'humanité, mais à chacune de nos personnes.

Et d'un *cœur nouveau*, celui du Fils de Dieu, au souffle de «l'esprit nouveau», l'Esprit Saint, avec une tendresse inconnue jusque-là, le baptisé embrasse filialement le Père. Et d'un cœur tout neuf, tout brûlant de charité, le communiant s'en va vers ses frères. Dans ses mains et dans sa vie palpite le *cœur nouveau*. Une douceur divine passe dans ses paroles et dans ses attitudes. En lui et autour de lui s'observe le commandement nouveau: «Aimez-vous les uns les autres comme je vous ai aimés.» *L'Amoureux divin continue* ainsi *d'écrire*, toujours *à la lumière de sa sagesse éternelle*, mais avec notre sang mêlé au sien, et *sur le corps de son épouse bien-aimée*, l'Église, *le dernier chapitre de son livre d'amour*. Il le terminera quand le corps mystique aura atteint sa taille parfaite.

Alors les élus, dans l'extase et l'ivresse des noces éternelles, liront avec un intérêt toujours nouveau, à la lumière de la divine Sagesse, *le sublime livre de l'amour*.

Tous ces parchemins vivants, reliés dans le Christ, revêtus de son immortalité après avoir été ensevelis dans sa mort, éclatants de gloire, dévoileront leur secret.

Toutes ces lignes tracées au fil des heures, tous ces mots jaillis au tic tac de la seconde loueront l'Auteur sacré, l'Amant divin. Les bienheureux ravis lui chanteront incessamment l'hymne de la contemplation et de l'action de grâce: «Dieu est charité!... Dieu est amour!»

26 mars 1970

REGARDS, PAROLES
ET GESTES D'ADIEU

Mes très chères filles,

L'an dernier, en cette même fête, nous parcourions ensemble une synthèse du sublime livre de l'amour que Dieu écrit dans le temps, à la lumière de sa sagesse éternelle.

Aujourd'hui, si vous le voulez bien, nous allons revoir, «à vol de colombe», la scène où Notre-Seigneur immortalise son dernier repas avec ses apôtres. Nous allons scruter ses *regards*, écouter ses *paroles* et analyser ses *gestes* pour mieux saisir son cœur, *le cœur nouveau*; le manger ensuite avec plus d'avidité et l'imiter avec plus de soin.

Par l'Incarnation, nous l'avons vu, Dieu, qui est amour, prend une forme sensible pour se manifester. Il s'installe dans un corps comme le nôtre, pénètre cette chair – la sienne –, l'imprègne de toutes parts et rayonne sur l'humanité.

L'Amour divin au milieu de nous est donc ce «fils du charpentier», qu'on appelle Jésus. «En lui habite corporellement toute la plénitude de la divinité» (Col 2, 9). Pendant que l'homme est un miroir dans lequel Dieu réfléchit sa vie de connaissance et d'amour, lui, l'Homme-Dieu, est la révélation substantielle, visible et palpable, que Dieu est amour. Il nous l'écrit sur sa chair; il nous le projette dans ses yeux; il nous le souffle sur ses lèvres; il nous le prouve par ses gestes. Lui, l'Amour incréé, il est là, en chair et en os, qui nous regarde, nous parle, nous touche. Son Eucharistie est l'amour souverain qui s'immole et l'amour pain qui nous nourrit et nous divinise.

La vie du Seigneur Jésus...: quel émouvant poème d'amour! Il nous chérit indiciblement; et, comme tout homme, par les regards de ses yeux, par l'onction de ses mots, par les gestes de son corps, il exprime les sentiments de son âme et nous donne son cœur, *le cœur nouveau*. Ce cœur, conjoint de la nature divine, est le foyer où les enfants d'adoption rencontrent leur Père céleste et reçoivent ses ineffables embrassements. De ce cœur jaillit la flamme inextinguible qui embrase et rend incandescente et calorifique la chair du Rédempteur. Cette flamme, elle brille dans ses yeux, brûle sur ses lèvres et étincelle au bout de ses doigts.

Regards d'adieu de notre divin Sauveur

Scrutons les regards d'adieu de notre divin Sauveur. Sa majesté, à nulle autre pareille, nous éblouit et nous attire. Elle est celle de l'Amour, lequel illumine le visage du Christ et scintille dans ses yeux. Ses yeux!... deux fenêtres ouvertes sur le ciel, d'où le Père nous regarde, nous sourit et nous enveloppe de sa tendresse: «Qui me voit, voit le Père.»

En ce jour souvenir, captons le regard limpide, expressif, chaleureux, de Notre-Seigneur. Il se promène et se repose tantôt sur l'un, tantôt sur l'autre...: mouillé d'émotion sur le chef de l'Église..., débordant de tendresse sur le bien-aimé..., chargé de sympathie sur le premier martyr..., plein d'indulgence sur l'in-crédule..., lourd de pitié sur le traître... À chacun il traduit des sentiments bien particuliers, qui prennent leur source dans l'océan d'amour sans fond qui l'ha-bite. Qu'il est beau ce regard!... Qu'il est doux!... Qu'il est vivifiant!...

Dans le silence de la *contemplation*, laissons-le en-trer jusqu'au plus intime de notre âme pour nous remplir de la charité, de la paix et de la joie que contient pour nous *le cœur nouveau* et pour lui être plus, dans *l'action*, un témoin qui chante sans cesse: «Dieu est amour.»

Paroles d'adieu de notre divin Maître

Écoutons maintenant les *paroles* d'adieu de notre divin Maître. La flamme qui consume son cœur brûle et ouvre ses lèvres. Il s'épanche en un ruissellement de paroles suaves qui nous le livrent tout entier. Cueillons-en quelques-unes:

Paroles de joie qui nous annoncent la nouvelle alliance: «J'ai désiré d'un grand désir manger cette Pâque avec vous avant de souffrir.»

Paroles de tendresse qui nous touchent délicieuse-ment: «Mes petits enfants, je n'en ai plus pour long-temps à être avec vous... Aimez-vous comme je vous ai aimés.»

Paroles de sollicitude qui nous remuent en pro-fondeur: «Je reviendrai vous prendre afin que là où je suis, vous soyez vous aussi... Je ne vous laisserai pas orphelins... Que votre cœur cesse de se troubler et de craindre.»

Paroles d'unité qui resserrent les liens entre nous: «Père saint, qu'ils soient un comme nous... Que tous soient un en nous.»

Paroles de miséricorde qui nous purifient de nos moindres souillures, inévitables chez des pèlerins en route vers la Jérusalem céleste: «Si je ne te lave, tu n'auras pas de part avec moi.»

Paroles de communion qui nous unissent au Fils bien-aimé: «Moi en vous, vous en moi.»

Paroles de puissance qui transsubstantient le pain et le vin: «Ceci est mon corps... Ceci est mon sang.»

Paroles de vérité qui nous enseignent toutes choses: «J'ai manifesté ton nom aux hommes... Tout ce que j'ai appris de mon Père, je vous l'ai fait connaître.»

Ces paroles baignent nos intelligences de la lumière du Verbe et réchauffent nos cœurs du feu de l'Esprit d'amour: paroles intimes et douces dont les siècles ne pourront jamais affaiblir l'écho.

Dans le silence de la *contemplation*, accueillons-les avec un profond respect: elles nous révèlent *le cœur nouveau*. Étudions-les avec foi, espérance et charité, pour lui être plus, dans *l'action*, un témoin qui chante sans cesse: «Dieu est amour.»

Gestes d'adieu du Sauveur

Terminons cette courte envolée par une brève considération sur les *gestes* d'adieu du Sauveur. Toutes ses actions furent des signes du service d'amour qu'il est venu rendre aux hommes. Si des bienfaits de toutes sortes, voire même miraculeux, ont surgi de ses mains, c'est qu'elles suintent l'amour infini et tout-puissant.

En cette soirée mémorable, l'amour l'incline, l'age-nouille devant nous. Contemplons-le, lui, Maître et Seigneur «qui s'est anéanti jusqu'à prendre la condi-tion d'esclave» (Ph 2, 7) s'abaissant aux pieds des siens pour leur dire, dans l'humilité, son amour. Notre-Seigneur, à genoux sur le pavé, linge et bassin en mains, est séduisant! Avec quel respect il les tient, ces pieds couverts de boue!... Avec quelle chaleur il les baise, même ceux de Judas!

Mais quand on aime, on ne se contente pas de rendre service; on va plus loin: on se livre soi-même. La logique de l'amour est de tout donner, car, de sa nature, il est une générosité sans réserve. Rêver d'amour..., parler d'amour..., en rêver nuit et jour..., en parler ému aux larmes, ne prouvent pas son exis-tence dans un cœur. La preuve, on la trouve dans le don de la vie, lambeau par lambeau: «Il n'y a pas de plus grande preuve d'amour que de donner sa vie.» Cette vérité, le Verbe divin la scelle de son sang: «À ceci, nous avons connu l'Amour: c'est que Jésus a donné sa vie pour nous» (1 Jn 3, 16).

Après avoir béni et rompu le pain, il offre son corps à manger; après avoir élevé le calice et rendu grâce, il offre son sang à boire. Ici, *le cœur nouveau* se dilate en effusions d'amour suprême. Il nous chante sur une note ultime que Dieu est amour. Il réalise, comme jamais personne ne l'a pu et ne le pourra, le don de soi. En inventant l'Eucharistie, il se fait, corps et âme, don d'amour perpétuel: notre victime par son sacrifice, notre pain par la communion. Il continue jusqu'à la fin des siècles à nous livrer sa chair et son sang, et à en nourrir notre vie. L'oblation commencée à la crèche, poursuivie tous les jours de son existence, consommée au calvaire, il la perpétue à l'autel.

Pour comble, *le cœur nouveau* s'en vient en notre cœur y répandre son feu consumant, sa flamme pénétrante, et nous convertir en serviteurs et en amants comme lui: «Aimez-vous comme je vous ai aimés.» En venant en nous, et par son Esprit, le Christ ressuscité remplit nos cœurs du même amour qui déborde du sien, et dans ce contact intime s'accomplit notre identification à lui.

De par notre baptême, nous sommes des artistes qui doivent reproduire les traits de l'Amour incarné: sa douceur, son humilité, sa patience, son sacrifice... «Je vous ai donné l'exemple pour que vous agissiez comme j'ai agi...» Être membre du Christ, c'est accueillir en soi l'Amour, c'est se livrer à ses exigences et y conformer fidèlement sa conduite. À travers tous les saints, transparaît la physionomie du Sauveur.

Nous sommes le corps du Christ..., nous sommes le sang du Christ..., nous sommes le cœur du Christ: qu'avons-nous fait de son amour?... Nos yeux sont-ils illuminés par l'amour?... Ne manifestent-ils que de la bienveillance, de la bonté?... Nos lèvres sont-elles brûlantes d'amour?... Ne laissent-elles échapper que des paroles de tendresse, de miséricorde?... Nos mains suintent-elles l'amour?... Ne posent-elles que des gestes d'accueil, de service?... Notre moi est-il en don continu, en sacrifice joyeux?... Notre vie est-elle du bon pain qui se laisse manger, qui nourrit et vivifie?...

Dans le silence de la *contemplation*, analysons les gestes du Seigneur; ils véhiculent pour nous *le cœur nouveau*. Imitons-les pour lui être plus, dans *l'action*, un témoin qui chante sans cesse: «Dieu est amour.»

Livrons-nous aux mains du Maître; laissons-le nous immoler pour que s'écrivent de notre sang, sur les pages de notre existence éphémère, des lignes glorieuses au sublime livre de l'amour.

8 avril 1971

MAÎTRE ET SEIGNEUR

Mes très chères filles,

Ce jeudi saint 1972 nous réservait la joie d'unir pour la première fois en une même fête, l'institution de l'Eucharistie et le cœur qui nous la donne. Le jeudi saint devient pour notre famille religieuse, par une faveur de l'Église, la fête du Cœur Eucharistique. N'est-il pas le jour qui convient le mieux, celui où Notre-Seigneur réalise son grand projet, son rêve d'amour? Il offre et nous laisse le sacrifice de la nouvelle alliance; il crée et nous fractionne le pain de la vie éternelle.

Dans son cœur, cette oblation se confond avec son premier souffle et avec chacune de ses pulsations. Mais aujourd'hui il l'extériorise; et le suprême amour que demain, en un dernier soupir, il nous témoignera par sa mort, il le symbolise en des gestes émouvants.

Le lavement des pieds, tout comme l'institution de l'Eucharistie, fait corps avec son sacrifice. Il est un geste qui l'inaugure, geste prophétique qui signifie et anticipe la passion. Sous le signe du service, Notre-Seigneur cache son oblation intérieure. Ce qu'il dépose symboliquement aux pieds des Douze, c'est son cœur dans le sang duquel il purifiera, à tour de rôle, toutes les générations. Geste d'amour qui dit le pourquoi de sa venue ici-bas: laver, purifier l'humanité.

Geste d'amour qui parle du baptême: eau mystérieuse dans laquelle il nous plonge pour nous faire passer de sa mort à sa vie. Geste d'amour qui débouche à la table du repas pascal: prélude du banquet éternel.

L'Eucharistie, pour sa part, est en relation essentielle avec le sacrifice. Sous l'aspect de signes choisis par lui, Notre-Seigneur s'immole: le pain qu'il tient dans ses mains est son corps, le vin qu'il élève vers le ciel est son sang. La cène se déroule à l'ombre de la croix. L'Agneau qu'il offre à son Père, en ce souper pascal, est son corps cloué au gibet, sa chair labourée de plaies, ses membres disloqués, sa tête ceinte d'un diadème d'ignominie, son visage ruisselant de sueur et de sang. Et il nous crie son amour par la bouche de son cœur transpercé.

Son regard scrute l'horizon du temps, parcourt tous les siècles, franchit tous les espaces: il se voit, souverain Prêtre, se cacher en ses ministres; il se voit, souveraine Victime, se voiler sous les espèces du pain et du vin; et il voit tous les autels sur lesquels il perpétuera à jamais cet acte d'adoration vis-à-vis de son Père, cet acte d'amour envers ses frères. Il les voit s'avancer un par un, tous ceux qui le recevront dans la sainte communion. Sous la forme de nourriture, il se voit s'incarner en quelque sorte, dans le cœur de ses amis.

Voilà ce qu'il pense et réalise en disant: «Ceci est mon corps, ceci est mon sang», et en distribuant à chacun de ses apôtres le pain et le vin consacrés. Depuis près de vingt siècles, on s'avance à la table du divin banquet; on mange sa chair, on boit son sang et c'est la compénétration, la fusion des cœurs dans l'unité du sien. Réalité inouïe!... Réalité sublime!... Réalité inconcevable!...

Pour créer une telle merveille et donner une preuve aussi souveraine d'amour, il faut être le *Seigneur*. Pour jouer ainsi avec les éléments, il faut en être le *Maître*.

«Vous m'appelez *Maître* et *Seigneur*; vous dites bien, car je le suis. Je suis celui qui est et qui donne à toutes choses d'exister.»

Maître et Seigneur... Ces mots, sur les lèvres de ses apôtres, lui expriment la hauteur de leur estime et la profondeur de leur vénération. Subjugués par le prestige de sa Personne, ils s'arrachent à leur famille, à leur patrie, à leur métier, à tout pour le suivre: «*Maître*, nous avons tout quitté et t'avons suivi» (Mc 10, 28). Conquis par la transcendance de sa doctrine, ils s'attachent pour toujours à sa parole : «*Seigneur*, à qui irions-nous? Tu as les paroles de la vie éternelle» (Jn 6, 68).

Maître et Seigneur... Ces mots, sur les lèvres de ses apôtres, lui témoignent leur dépendance, la totalité de leur soumission: «*Maître*, nous avons travaillé toute la nuit sans rien prendre, mais sur ta parole, nous jetterons le filet» (Lc 5, 5). Ils le jettent; et c'est la pêche miraculeuse.

Maître et Seigneur... Ces mots, sur les lèvres de ses apôtres, lui confessent leur foi en son pouvoir extraordinaire: «*Maître*, sauve-nous, nous périssons» (Mt 8, 25). D'un acte de volonté, il arrête la colère du vent, le courroux des flots; et c'est la tempête apaisée.

«Vous m'appelez *Maître* et *Seigneur*; vous dites bien, car je le suis.» J'ordonne aux poissons de venir, à la mer de se calmer, aux pains de se multiplier, aux aveugles de voir, aux sourds d'entendre, aux muets de parler, aux paralytiques de marcher, aux morts de ressusciter; et tout m'obéit. Vous m'avez vu, d'un geste agir sur les éléments, de ma main allumer des yeux, de mon doigt ouvrir des oreilles, de ma salive délier des langues, de mon contact guérir des malades, de ma voix réveiller des morts.

«Vous m'appelez *Maître* et *Seigneur*; vous dites bien, car je le suis.» Sous une forme humaine, le *Maître* de la nature vous parle: celui qui, au jour de la création, n'eut qu'un mot à prononcer pour que surgisse du néant tout ce monde visible qui ne cesse de vous éblouir et de vous étonner.

«Vous m'appelez *Maître* et *Seigneur*; vous dites bien, car je le suis.» Cette eau a jailli de mon verbe créateur; ma puissance, qui lui a communiqué la vertu de laver, peut très bien la rendre capable de purifier non seulement votre chair, mais aussi votre esprit. Ce pain et ce vin, j'en suis le *Maître*! Libre à moi d'en changer l'être; d'en chasser la substance et d'attacher la mienne à leur forme, à leur couleur et à leur goût, pour me donner à vous en un condensé d'amour et vous faire devenir avec moi une même victime, dans le même sacrifice d'adoration, d'action de grâce, de réparation et de louange.

Contemplons une fois encore, éblouies et émues, ce geste de puissance, cet ultime témoignage d'amour: de cet amour qui, durant 33 ans, a inspiré tous les actes de l'Homme-Dieu, a dicté toutes ses paroles, a mis en mouvement sa toute-puissance. Si le plan de notre salut fut soumis à un programme que Jésus avait à cœur d'exécuter point par point, jusqu'à l'iota, rien ne sortait de ses mains ni de ses lèvres que sous l'inspiration, la poussée de son amour pour son Père et pour nous. Tous les événements de sa vie en sont des manifestations...; le dernier en est la synthèse. Impossible de percevoir les dimensions de l'amour de Notre-Seigneur nous donnant l'Eucharistie. Nous ne le pouvons pas et nul esprit humain ne le pourra jamais: le Cœur Eucharistique est un abîme insondable.

Que cet acte de dilection soit le rythme de nos pensées et de nos vouloirs..., notre lumière, notre mot d'ordre, notre impératif!

S'enthousiasmer pour le mystère du jeudi saint ne suffit pas: il faut lui donner prise sur notre vie. Notre participation sacramentelle doit se poursuivre tout au long de nos journées. Toutes nos actions devraient être des offrandes sacrificielles à Dieu, sous la poussée de l'amour.

Jeudi saint! Pâque nouvelle! Annonce et préparation de la Pâque éternelle!

Jeudi saint! Point culminant de l'amour! Exaltation de l'amour!

Jeudi saint! Nous te chantons! Nous te bénissons!

30 mars 1972

DEUX GESTES ANNONCIATEURS
DE LA PASSION

Le cycle liturgique nous ramène l'émouvant jeudi saint! Avec l'Église qui nous y invite, pénétrons au cénacle, dans la vaste salle bien ornée où le Seigneur va célébrer, pour la dernière fois, la Pâque avec ses apôtres.

Entouré de ses Douze et sur le point d'être hypocritement trahi par l'un d'eux; arrivé au bout de son existence terrestre, puisque «ce qui le concerne touche à son terme» et que «son heure est venue de passer de ce monde à son Père», il prend avec eux le repas suprême et s'épanche avec une effusion telle, qu'on croirait entendre un père adresser à ses fils bien-aimés ses ultimes recommandations. Par des phrases entrecoupées de lourds silences où l'on saisit des sanglots étouffés, il leur fait ses adieux, leur prodigue des mots beaucoup plus tendres que de coutume, des paroles plus affectueuses, à l'onction plus suave. Il les appelle «mes petits enfants», et il pose des gestes qui étonnent et serrent le cœur, qui mettent en relief la délicatesse de ses sentiments et qui nous laissent son testament d'amour. Sur son auguste visage rayonne une bonté qui, jaillissant des profondeurs de son être à la fois humain et divin, dépasse toute expression.

En ce soir inoubliable, des yeux dilatés de surprise voient le Seigneur s'agenouiller avec sollicitude devant ceux qu'il nomme ses amis, ses petits enfants; des bouches mangent, à même le pain, sa chair; des lèvres boivent, à même la coupe, son sang; une tête se repose avec familiarité sur son sein.

Relisons dans l'action de grâce quelques passages de cette sublime page d'Évangile: toile de fond de notre vocation dominicaine missionnaire adoratrice, événement clef qui en a déclenché l'existence. Tout, jusqu'à l'iota, mériterait d'être considéré. Arrêtons-nous cependant à ces deux faits sensationnels qui bouleversent les assistants et les impressionnent en profondeur: le Maître sort de table, verse de l'eau dans un bassin, se ceint d'un linge et, à genoux, se met en frais de laver les pieds de ses disciples; revenu à table, il prend dans ses mains du pain et du vin et affirme avec autorité, en les donnant à manger et à boire, que c'est son corps et son sang qu'il distribue ainsi. *Ces deux gestes sont prophétiques: ils annoncent la passion.*

1. Le lavement des pieds

Le lavement des pieds: *geste prophétique qui annonce la passion*!

«Ce que je fais, tu ne le sais pas maintenant; tu comprendras plus tard.» Lui, le Maître et Seigneur, remplit avec une simplicité renversante le rôle de serviteur!... Qu'est-ce qui explique ce geste? Le besoin de s'abaisser? le désir de donner l'exemple? la volonté de rendre service? On peut l'interpréter dans ces perspectives; mais pour en comprendre le sens profond, il nous faut aller au creux du mystère, lire l'Homme-Dieu par le dedans, dans sa réalité de Sauveur. Dès son premier souffle, il s'offre en victime. Dans un état de continuelle oblation, il présente à son Père son immolation future: «Vous n'avez pas voulu d'holocaustes; vous m'avez donné un corps..., me voici.» Sa vie tout entière est orientée vers la croix. Ce qui le constitue Sauveur, c'est cette disposition permanente d'offrande totale de lui-même pour la gloire de son Père et pour notre rédemption. C'est en cette fonction qu'il nous faut le rejoindre pour le comprendre. Hors de là, il est inintelligible. S'il «s'est anéanti en prenant la condition d'esclave», c'est pour notre salut. À partir de cet anéantissement fondamental qu'est l'Incarnation, il n'a jamais cessé, en toutes ses attitudes, en tous ses comportements, de s'abaisser. Libre à lui de fixer le lieu de son origine: son choix se porte sur Nazareth. Nazareth! coin oublié pour ne pas dire méprisé, d'où l'on doute qu'il puisse sortir quelque chose de bon. Jusqu'à sa mort, on identifiera le Christ avec ce village obscur et on l'appellera «le Nazaréen». Il y vivra 30 ans, caché aux yeux des hommes, dans l'obéissance à son père et à sa mère. Enfin, sur le bois de son supplice, on écrira: «Jésus le Nazaréen...»

Les mains qui lavent et essuient les pieds des Douze sont rudes: mains d'un charpentier qui ont manié la scie et le rabot. Le Sauveur a connu le dur travail: celui qui perle le front de sueur, qui charge les épaules de fatigue, qui laisse sur les mains des cicatrices ineffaçables. Cette nuit, demain, il sera traité en scélérat, comparé à un brigand; il subira un injuste procès, d'humiliantes tortures et il rendra l'âme au milieu d'affreuses ignominies.

Toute l'humanité est lavée dans ce sang précieux qui rougit le jardin de Gethsémani, le sol de la prison, les fouets des soldats, les marches du prétoire, le chemin du calvaire, le voile de Véronique, le Golgotha, la croix, enfin la lance sur laquelle sèche la dernière goutte. Quand il s'agit du salut de l'homme individuel, Jésus va vers lui, se met à ses pieds, l'appelle avec instance: «Si je ne te lave...: toi, Pierre..., toi, Jacques..., toi, Jean...» Le salut commence et se poursuit en des tête à tête avec le divin Sauveur. L'important, dans nos relations avec lui, n'est pas tant de le connaître, mais de répondre à ses avances, de le laisser entrer dans notre vie et s'y installer. «Tu n'auras pas de part avec moi»: tout le drame de notre sort éternel se joue dans l'acceptation ou le refus de son amitié, car en somme c'est son cœur qu'il offre ainsi sous forme de service, ce cœur qui paie notre rançon et notre bonheur au prix de son sang. S'il multiplie ses démarches à ce point, c'est qu'il nous aime: «Ayant aimé les siens..., il les aima jusqu'à la fin.»

Laissons-nous laver..., laissons-nous aimer comme Pierre, pour qui le Christ tient lieu de tout et qui ne voudrait pour rien au monde en être séparé. Un regard, un mot, un geste de son Maître le fascinent. La lumière de ses yeux, la chaleur de sa voix, la noblesse de sa physionomie, mais par-dessus tout la profondeur de ses enseignements, l'attachent à lui pour toujours: «À qui irions-nous? Tu as les paroles de la vie éternelle.» Des yeux de sa foi, il a percé le mystère de cet homme merveilleux, il a découvert en lui «le Fils du Dieu vivant»; aussi s'abandonne-t-il sans réserve à son action: «pas seulement les pieds, mais les mains et la tête».

«Tu n'auras pas de part avec moi...»: termes d'union, d'alliance! Être son disciple, ce n'est pas précisément l'imiter par le dehors, comme on copie un modèle; mais c'est demeurer en lui, ne faire qu'un avec lui. Il nous a donné l'exemple, non en pédagogue dont le souci, en posant des actes, serait de mettre sous les yeux de ses élèves ce qu'il faut faire, mais en tant que prototype toujours vivant et agissant sur ceux qui le contemplent et tentent de le reproduire.

«Si je ne te lave, tu n'auras pas de part avec moi.» Ce que le Christ propose à Pierre et à tous ses amis, c'est la communion à son mystère: mystère de mort et de vie; c'est d'être toujours prêt à mourir avec lui pour collaborer à la Rédemption et, un jour, partager sa gloire.

«Tu n'auras pas de part avec moi», c'est donc dire: tu n'entreras pas dans mon sacrifice rédempteur, l'unique chemin qui débouche sur la résurrection glorieuse. «Ne fallait-il pas que le Christ endurât ces souffrances pour entrer dans sa gloire?... Le serviteur n'est pas plus grand que son maître. S'ils m'ont persécuté, ils vous persécuteront aussi... Dans le monde, vous aurez à souffrir. Mais gardez courage! J'ai vaincu le monde!... Je vais vous préparer une place; je reviendrai vous prendre avec moi, afin que, là où je suis, vous soyez, vous aussi.» Se laisser laver, c'est donc accepter tous les abaissements, tous les sacrifices et toutes les croix semés sur notre route comme moyens de nous offrir, de nous immoler pour notre salut et pour celui de nos frères. Oui, *le lavement des pieds, geste prophétique*!

2. L'institution de l'Eucharistie

L'institution de l'Eucharistie : geste combien plus prophétique encore et davantage annonciateur de la passion !

La nuit qu'il fut livré, le Seigneur prit du pain;
En signe de sa mort, le rompit de sa main[10]...

Il offre réellement, sur la table de la cène, mais sans effusion de sang, son corps crucifié.

Après avoir observé fidèlement les prescriptions de la loi juive et avoir mangé l'agneau pascal, le Christ instaure le sacrifice de la nouvelle alliance. Au moyen de signes et par la vertu de sa parole, il anticipe l'offrande qu'il consommera demain sur la croix. Sous les apparences du pain et du vin, consacrés séparément, il rend présent son sacrifice rédempteur: «Ceci est mon corps... Ceci est mon sang, le sang de l'alliance, qui va être répandu pour une multitude en rémission des péchés.» Les figures disparaissent comme des ombres et font place à la réalité: le véritable Agneau pascal est immolé. Le Sauveur se crée un autre mode de présence: présence invisible, impalpable, inaccessible à nos sens, mais beaucoup plus unifiante et durable: «Faites ceci en mémoire de moi.»

C'est le dernier soir!... Le Maître n'en a plus pour longtemps à être avec nous! Les hommes ne verront plus de leurs yeux sa beauté physique..., n'entendront plus de leurs oreilles sa voix incomparable..., ne palperont plus de leurs mains son amour passionné... Mais... «prenez et mangez, ceci est mon corps». Puis, comme une mère, il nous nourrit de sa propre chair et de son propre sang. Il entre dans notre être bien plus qu'il ne l'avait fait jusqu'à maintenant. Il s'assimile, pour ainsi dire, à notre substance, et l'intimité atteint son maximum: «Qui mange ma chair demeure en moi et moi en lui.»

Le Messie, venu sur notre planète il y a 2000 ans, reste avec nous tous les jours, et cela «jusqu'à la consommation des siècles». Plus proche que jamais, il s'insère dans tous les événements de notre vie... Réalité sublime dont nous ne pouvons prendre conscience, qui n'est perceptible qu'à notre regard de croyant et sensible qu'aux antennes de notre foi.

Qui de nous n'a pas rêvé avoir vécu du temps du Sauveur, sur ce coin de terre qui garde précieusement la trace de ses pas? Avec quel empressement n'aurions-nous pas couru pour le voir, l'entendre, le toucher! Avec quelle allégresse ne nous serions-nous pas placées à table le plus près possible de lui, et avec quelle attention n'aurions-nous pas cherché à lire dans ses yeux la vérité et à la recueillir sur ses lèvres! Toutefois, combien l'ont vu de leurs yeux et touché de leurs mains sans pour autant avoir appris qui il était. Une parole du Seigneur nous dira que nous n'avons rien à envier à ses contemporains: «Heureux ceux qui auront cru sans avoir vu» (Jn 20, 29). Se peut-il que la foi béatifie à tel point qu'elle procure un bonheur qui surpasserait celui éprouvé par les apôtres? Par un Jean, par exemple, qui, se reposant candidement sur l'épaule de son Maître, sent à travers la chair de son Seigneur la tendresse de sa prédilection? Pour sûr! car le baptême nous incorpore au Christ: sa vie circule en notre âme, son sacerdoce nous est conféré et nous rend aptes à l'offrir et à nous offrir avec lui. Dans l'Eucharistie, mode le plus parfait de sa présence, notre rencontre atteint sa perfection. Son humanité nous est alors donnée dans une actualisation du mystère pascal. Son corps, immolé jadis sur le calvaire, maintenant ressuscité et glorieux, y est souverainement agissant; il nous communique abondamment la vie. Par la communion, le Christ entre en nous avec tout le dynamisme de son état pascal et nous introduit plus loin dans son cœur et dans son oblation. Sa chair nous sustente, nous fortifie et nous entraîne jusqu'au don de notre propre corps et de notre propre sang, et, parce que ressuscitée, elle dépose en nous des germes d'immortalité et d'incorruptibilité.

Chaque messe devrait produire chez le communiant les effets d'une Pâque nouvelle: quelque chose en lui devrait mourir et sa vie de grâce devrait s'intensifier.

Tout jeudi saint bien vécu devrait nous donner un coup d'aile et nous faire prendre un essor rajeuni et plus vigoureux vers notre idéal: devenir des copies visibles, des expressions vivantes du Christ de la cène.

Pour cet émouvant jeudi saint, pour les merveilles accomplies ce jour-là, exultons de joie dans l'action de grâce! Notre Pâque à nous, chrétiens, est perpétuelle. En nos cénacles, la table est toujours dressée, l'Agneau toujours immolé, sa chair et son sang toujours servis.

Pour cet émouvant jeudi saint qui s'éternise au ciel où le Christ offre à jamais son sacrifice, exultons de joie dans l'espérance! Notre-Seigneur nous l'a promis: «Il boira avec nous le vin nouveau dans le Royaume de son Père» (Mt 26, 29) et nous nous enivrerons de ses délices éternelles.

Pour cet émouvant jeudi saint qui se perpétue, qui domine tous les siècles, en éclaire et en réchauffe tous les jours, et qui ne s'éteindra jamais, exultons de joie dans la foi, dans l'espérance et dans l'amour!

19 avril 1973

LE MYSTÈRE
DE NOTRE RÉCONCILIATION

Pour boire abondamment la grâce que nous sert l'Église à l'occasion de l'année sainte, pourquoi ne pas approfondir aujourd'hui le mystère de notre *réconciliation* à la lumière de la cène, y voir le Christ comme *sacrement de notre réconciliation*, et puis... nous arrêter à *son heure*?

1. Le Christ, sacrement de notre réconciliation

En raison de son union hypostatique, le Christ réalise en sa personne notre *réconciliation*. Il rattache, en son être même, l'homme à Dieu et renoue ainsi les liens coupés par le péché. Par l'humanité du Médiateur, le Père nous saisit. Dans son Fils, il nous adopte et nous réadmet en son intimité. L'alliance promise en Abraham, ébauchée avec Moïse, atteint dans le Christ sa suprême expression et est scellée de son sang. «Grâce inépuisable, qui déborde jusqu'à nous en toute sagesse et connaissance, révélant ainsi le mystère d'amour du dessein bienveillant de notre Père: récapituler toute chose du ciel et de la terre dans le Christ» (Ép 1, 7-10). C'est à travers son Fils, couvert de plaies béantes, expirant sur la croix, que le Père presse dans ses bras l'humanité coupable, «l'enfant prodigue», et lui donne le baiser de la paix et de la *réconciliation*.

Ce moment solennel où se joue le destin de l'humanité, cet acte décisif qui la *réconcilie* avec son Dieu, notre cher Sauveur le vit d'avance, en ce dernier soir de son existence terrestre, et il en fait vivre ses intimes. Il nous le lègue en héritage et le transpose en signes qui le véhiculeront de génération en génération, jusqu'au glas du monde.

Avant que son précieux sang ait trempé la terre du jardin, ait coulé en ruisseaux au prétoire, ait rougi le chemin du calvaire, ait jailli à flots de ses mains et de ses pieds transpercés...; avant que toutes ses veines en fussent vidées et que la lance en ait reçu la dernière goutte...; avant que ses bras ne se soient étendus sur la croix et que son cœur, en s'ouvrant sous la pointe de fer, ne nous ait donné l'ultime manifestation sensible de son amour..., à la table de la cène, sous une forme sacramentelle, il nous offrait déjà le sang de la nouvelle alliance.

2. Son heure...

La dernière veillée pascale du divin Maître enregistre, dans son déroulement, l'heure : *son heure* où, au moyen de signes et de paroles, il réalise par anticipation et prolonge jusqu'aux extrémités de la terre, et jusqu'à la fin des temps, cet *acte réconciliateur*; il nous donne ainsi pour toujours le *sacrifice* de notre *réconciliation*. C'est *son heure*, l'heure de l'amour poussé jusqu'à son terme..., *l'heure* pour laquelle il est venu en ce monde..., *l'heure* qu'il a désirée d'un ardent désir..., *l'heure* sur laquelle étaient fixés sa pensée et son cœur, sur laquelle étaient centrées toutes ses énergies et toutes ses activités. Il vivait dans sa perspective et la préparait.

C'est *son heure*, l'heure qui condense toute sa vie, en synthétise toutes les actions, attire à elle toute l'histoire du monde et la récapitule.

C'est *son heure*, l'heure où il nous exprime, en un geste des plus signifiants, qu'il est vraiment le serviteur de l'humanité, qu'il a pris volontairement la condition d'esclave afin d'être vendu, livré, condamné, et de verser son sang pour nous purifier et nous jeter dans les bras de notre Père.

C'est *son heure*, l'heure où il nous offre, sous forme d'un service, le don de sa Personne et de son oblation intérieure, laquelle il extériorisera et achèvera sur la croix, et qu'il va sacramentaliser et immortaliser dans quelques minutes, à la table du repas pascal.

Ce bassin qu'il dépose aux pieds de chacun de ses apôtres, en commençant par Pierre, c'est son cœur avec tout son amour, c'est son sacrifice avec tout son sang, c'est son Église avec tous ses sacrements. Voilà ce qu'il nous donne!

Pour nous réconcilier, il prend les devants, il se met à nos genoux. Il ne joue pas le rôle de serviteur...: il est celui qui sert, celui qui lave... Tous ceux qui voudront prendre part au sacrifice de la nouvelle alliance et manger l'Agneau devront dire oui au Christ et se laisser laver comme Pierre: «Si je ne te lave, tu n'auras pas de part avec moi.» Le lavage spirituel prélude au repas pascal et nous met en condition pour y participer.

Son heure, c'est avant tout et par-dessus tout l'heure où il devance le moment solennel, l'acte décisif, et se livre à la mort... *Son heure,* c'est l'heure où il invente un moyen de perpétuer à jamais l'événement de la *réconciliation*...

Son heure, c'est celle où, prenant dans ses mains du pain et ensuite du vin, il prononce sur chacun d'eux les paroles créatrices qui actualisent, sous ces signes, sa présence corporelle dans le symbolisme de sa mort, la consacrent en don d'amour et l'établissent *sacrifice de la nouvelle alliance*.

Son heure, c'est l'heure où, entouré des siens, il rédige avec tendresse son testament d'amour, lequel sera ratifié par l'effusion de son sang.

En cette heure de la cène, c'est déjà le sacrifice du calvaire qui commence; à cette table, est là devant lui le traître; aussi Notre-Seigneur parle-t-il au présent: «Ceci est mon corps livré..., ceci est mon sang répandu...» Déjà, le précieux sang coule pour la multitude. Toute la passion, jusqu'au dernier soupir du Crucifié, est présente dans cette oblation eucharistique.

Son heure, c'est l'heure où, par son sacrement, il étend à chacun le contact intime, la rencontre personnelle avec lui, et unit les hommes entre eux pour ne former qu'un seul corps, le sien.

En un mot, *son heure*, c'est celle où il nous donne son cœur eucharistique; son cœur dans l'acte même de notre *réconciliation*; son cœur, l'unique source d'où se répand la vie des enfants de Dieu; son cœur dont les palpitations font circuler dans tous les membres de son corps mystique le fleuve vivifiant de la grâce.

Son heure, c'est l'heure où il préfigure son Royaume éternel en nous introduisant à sa table... Là, pour fortifier notre union avec lui, il nous nourrit de sa chair immolée et nous abreuve de son sang versé. La communion eucharistique resserre, à leur plus haut degré de puissance, tous les liens qui, sur terre, nous font partager la vie de Jésus et, du même coup, elle assure à notre âme l'indissoluble union des noces éternelles...

Chaque fois que nous recevons ce pain et ce vin, nous renouvelons en nous l'alliance qui a été construite dans le Christ, et dont son corps stigmatisé est le témoignage et l'instrument qui nous en rend bénéficiaires.

En mémoire de cette *heure* la plus merveilleuse de l'histoire, allons à l'autel, célébrons avec notre *Réconciliateur*, Prêtre souverain, le sacrifice de la nouvelle alliance que sa parole actualise au milieu de nous.

En mémoire de lui, que je n'aie d'autre préoccupation que de préparer, par des actes bien concrets, *mon heure*, l'heure pour laquelle je suis venue en ce monde... *Mon heure*, l'heure de consommer en mon propre corps le *sacrifice de la réconciliation*... *Mon heure*, l'heure de reproduire en moi la mort du Christ pour ressusciter avec lui... *Mon heure*, l'heure où, expirant sur ma propre croix, je contresignerai, avec mon propre sang, *l'acte de ma réconciliation* et, perdue à jamais dans le cœur du Christ, je passerai de ce monde au Père.

En mémoire de lui et « pour achever en notre chair ce qui manque à sa passion pour son corps, l'Église », engageons-nous pleinement, par la pratique d'une authentique charité, au service de nos frères, afin qu'ils jouissent un jour, eux aussi, du bonheur des bienheureux, réconciliés dans le sang de l'Agneau.

11 avril 1974

JÉSUS, LE GRAND AMI

En ce beau jour anniversaire de l'institution de l'Eucharistie, célébrons *l'Ami*, l'Adorable; fêtons, en lui, *l'amitié* et son chef-d'œuvre; avec lui, passons ces heures dans la joie et l'action de grâce. L'Évangile, nous le savons, n'est pas un livre d'histoires qu'on dévore, une série de diapositives qu'on regarde, une bande magnétique qu'on écoute, mais une personne: Jésus, qu'on rencontre dans la foi. Jésus, la Parole vivante! Jésus, le Fils de Dieu! Jésus, le grand *Ami*!

Voyons-le, au repas d'adieu, cristalliser en paroles et en gestes toutes les lois de l'amitié, les sublimant et les dépassant à l'infini. Il nous montre jusqu'à quel point notre Dieu, en lui, se fait proche. Après nous avoir créés à son image, il s'incarne, se fait semblable à nous. Nous retrouvons chez lui nos façons d'être, de penser, de sentir et d'agir. Il répond ainsi à notre désir naturel de voir, d'entendre, de toucher: «Venez et voyez» (Jn 1, 39). «Ce que nous avons entendu, ce que nous avons vu de nos yeux, ce que nos mains ont touché du Verbe de vie...» (1 Jn 1, 1). Sur sa poitrine, une tête humaine se repose. La distance qui nous séparait de notre Dieu est comblée: *l'amitié* divine, dont furent enrichis nos premiers parents et que leur désobéissance avait rompue, est renouée. Elle a pris corps dans le sein de la Vierge Marie et sera scellée,

149

pour toujours, dans le sang de l'Agneau immolé sur la croix.

Le repas pascal n'est-il pas le banquet de *l'amitié*? Jésus, n'est-ce pas *l'amitié* même, *l'Ami* par excellence dont les autres ne sont que de pâles reflets? Nos amis de la terre n'en reproduisent que quelques traits. «Il nous a aimés le premier» (1 Jn 4, 19). À plusieurs reprises dans l'Évangile, il a prononcé sur nous ce doux nom d'ami: «Je vous le dis à vous, mes amis... Vous êtes mes amis... Notre ami Lazare...» Au terme de sa vie mortelle, ce besoin de verbaliser son *amitié* obsède son esprit et son cœur; toutes ses paroles ont le langage de l'affection la plus tendre: elles saisissent l'âme et en font vibrer toutes les cordes.

L'amitié, au principe, est une *attraction* causée par certaines affinités. Elle fait tendre deux personnes l'une vers l'autre par la pensée et le désir, les meut et les rapproche physiquement en toutes occasions. Au banquet de *l'amitié*, Jésus nous exprime cela avec véhémence: «J'ai désiré d'un grand désir manger cette Pâque avec vous.»

L'amitié exige la *proximité*. Cette proximité, le Seigneur la réalise avec une condescendance inouïe. Pour monter un chacun à son niveau et établir avec lui des relations amicales, bien personnelles, il se met à ses pieds et, par le moyen simple et combien expressif de l'eau, il le lave et le purifie.

Contemplons le divin *Ami* s'agenouillant devant chacun des Douze. Sur son front brille la majesté, dans ses yeux on lit la bonté. Arrêtons-nous à la réaction si normale de Pierre: «Toi, Seigneur, me laver les pieds, à moi! Non, jamais!» Sur le cœur de *l'ami* Jésus, posons l'oreille et entendons battre l'émotion. Pierre ne vient-il pas d'exprimer à son Maître, en termes touchants, sa foi et son admiration? Sa protestation pleine de respect traduit cependant un manque de docilité, une résistance à la grâce pour ainsi dire: belle occasion pour Jésus de tourmenter le cœur de son ami et d'en faire surgir un nouveau témoignage d'amour. Il le frappe en son point le plus sensible: «Tu n'auras pas de part avec moi.» Ces paroles produisent sur Pierre l'effet d'une terrible menace, et naturellement, le disciple réagit. Il frémit de tout son être. Il ne voudrait, à aucun prix, être séparé de son cher *Ami*; aussi la manifestation attendue ne tarde pas; elle sort à l'instant, toute chaude, des lèvres ardentes de l'apôtre qui se livre tout entier: «Non seulement les pieds, mais aussi les mains et la tête.»

«Tu n'auras pas de part avec moi.» Qu'est-ce que ce petit bout de phrase évoque chez Pierre pour qu'il change ainsi d'idée, si spontanément et si radicalement? Pour le moment, il ne saisit pas trop bien ce que le Seigneur veut dire; il le comprendra plus tard. Tout de même, les mots «avec moi» remuent dans sa mémoire tout un monde de souvenirs. En sa compagnie, depuis trois ans, n'a-t-il pas connu un bonheur indéfinissable? Il revit la bouleversante rencontre, l'émoi ressenti quand Jésus de Nazareth a jeté sur lui un regard de prédilection et l'a invité à le suivre, l'emprise mystérieuse qu'il exerça sur lui et dont il n'a jamais pu se dégager, l'impulsion irrésistible avec laquelle il a tout quitté. Chaque minute passée à ses côtés en fut une d'allégresse, chaque parole tombée de sa bouche en fut une de vie éternelle. Lui et ses compagnons ont été témoins de choses merveilleuses. Jésus, c'est le thaumaturge incomparable qui a multiplié sous leurs yeux, pains et poissons, qui a apaisé la tempête, guéri les malades et ressuscité les morts. Jésus, c'est le Fils bien-aimé. Sur la montagne, lui,

Pierre, et deux autres ont vu sa gloire, «son visage brillant comme le soleil» (Mt 17, 2).

Demandons-nous si ces trois privilégiés comprendront quand Jésus va leur dire: «Qui m'a vu a vu le Père»; car être avec Jésus, c'est entrer en relation intime avec son Père; être ami de Jésus, c'est devenir son confident: «Tout ce que j'ai appris de mon Père, je vous l'ai fait connaître.»

L'amitié se noue dans le *partage*. Les amis mettent leurs biens en commun pour nourrir leur amour et ne former qu'un seul cœur. L'amour *d'amitié* établit entre les personnes une véritable unité de pensées et de sentiments, de vouloirs et d'actions.

Ce que le plus aimant et le plus puissant des amis voudrait faire, Jésus l'accomplit. Chez lui, la plus grande preuve *d'amitié* sera dépassée; non seulement il livrera son corps à la mort pour exprimer le don de lui-même à ses amis, non seulement il répandra volontairement son sang jusqu'à la dernière goutte pour eux, mais sa vie, il la leur donnera incessamment en sacrifice. Chez *l'Ami* divin, la compénétration mutuelle vient satisfaire la faim qui dévore son cœur: «Vous en moi et moi en vous.» Pour atteindre à ce sommet, il crée un chef-d'œuvre *d'amitié*: il convertit en nourriture sa chair et en breuvage, son sang. Il donne à manger son corps, comme du bon pain; s'installe dans le cœur de son ami et ne fait plus qu'un avec lui, et par l'esprit et par le corps. De la petite hostie, la vie du Christ, comme un torrent, envahit qui la reçoit. Le cœur du divin Ami se fond avec le cœur qui s'ouvre et l'accueille. Il devient sa propriété, de sorte que le communiant aime Dieu et ses frères du même amour dont il est aimé lui-même.

Cette délicieuse fusion aboutit à une communauté de biens qui défonce les limites du possible, qui défie les frontières du temps et de l'espace. Le divin *Ami* se donne à tous, tout entier, toujours et en tous lieux: l'autre entre, en toute vérité, dans sa propre vie, dans sa prière, dans son sacrifice, boit au même calice. En cette chair de sa chair, le divin *Ami* imprime ses traits sanctifiants et ses plaies rédemptrices, et y dépose, en germes, sa résurrection. Là où il a placé son corps, il placera un jour celui de ses amis: «Là où je suis, je veux qu'ils soient aussi.»

L'amitié souveraine atteindra son *apogée* au soir des temps, lorsque l'*Ami* sera tout en tous. Possédant son corps mystique dans sa plénitude, il montrera à son Père chacun de ses membres, éclatant de sa propre splendeur et revêtu d'une beauté et d'une jeunesse impérissables, et lui dira: «Je leur ai donné la gloire que tu m'as donnée.» Il les fera alors asseoir avec lui à la table du festin, dans le Royaume. Dans une vision *d'amitié* extatique, dans un face à face éternel, l'Esprit d'amour béatifiera les enfants du Père, les frères amis du Fils bien-aimé; et tous ensemble, consommés dans l'unité des Trois, ils chanteront les joies ineffables de *l'amitié* divine et les triomphes du divin *Ami*. «Le Seigneur Dieu répandra sur eux sa lumière, et ils régneront pour les siècles des siècles» (Ap 22, 5).

En attendant cette sublime consommation, le jeudi saint poursuit sa course ici-bas. Le cénacle, on le trouve partout où est l'Église et en tout cœur chrétien qui reçoit l'Eucharistie. Le banquet de *l'amitié* est toujours prêt, le divin *Ami* nous y invite sans cesse. À chacun personnellement, il offre son *amitié* et ne l'impose jamais. Vouloir y répondre, c'est un pas; mais pour qu'il puisse aimer comme il le désire et répandre à flots ses grâces et ses bienfaits, il faut que l'âme s'ouvre toute grande à ses avances. Il nous appelle, nous attire, nous séduit, mais nous devons écouter sa parole, la retenir dans notre aujourd'hui et agir en accord avec ce qu'elle nous propose. Le drame d'une vie, c'est la résistance à son action amoureuse. Il attend de nous ce qu'il attendait de Pierre: le suivre, consentir à son emprise, nous laisser manier à sa guise, même s'il a une manière de faire souvent renversante.

Sur notre route, l'*ami* Jésus vient et revient avec son cœur, bain mystérieux dans lequel il nous plonge pour nous purifier, foyer d'amour dans lequel il nous jette pour nous consumer. Laissons-nous laver. Laissons-nous aimer. Mangeons sa parole dans l'Évangile, sa chair dans l'Eucharistie. Soyons des petits pains *d'amitié*, bons à être servis à la table de famille. Avec un nouvel élan, une docilité plus souple, plus spontanée, disposons-nous aux nouvelles exigences du divin *Ami*. Dans un abandon plus total, laissons-nous manger, assimiler, transformer en un autre lui-même, et un jour nous partagerons, nous aussi, l'heureux sort qu'il réserve à ses amis.

27 mars 1975

LE PREMIER PAS
DU SACRIFICE

En cette ravissante fête du jeudi saint, anniversaire de l'Eucharistie, retournons au cénacle, berceau de son institution, et contemplons le Christ Prêtre célébrant la première messe et inaugurant ainsi le sacrifice nouveau de l'éternelle alliance.

Notre-Seigneur est sur le point de réaliser le vœu qu'il exprimait à son Père en entrant dans le monde : lui immoler son corps en holocauste. Elle sonne enfin, cette heure qui le préoccupe depuis son premier souffle ! Toute sa vie était orientée, convergeait vers la croix. Il l'avait sans cesse présente à l'esprit et dans le cœur. Toutes ses actions, tous ses instants étaient dirigés vers la consommation du calvaire. Il n'avait en vue que ce moment solennel où, exerçant souverainement sa fonction de médiateur, il offrirait à Dieu son Père l'hommage parfait de son immolation sanglante pour le salut du monde.

En ce dernier repas avec les siens, sa mort est donc là devant lui. Avec quelle joie il la voit venir ! Ça se lit dans ses yeux et ça jaillit de ses lèvres. Il en accepte toutes les conditions et se jette dans ses bras. Mais avant de se prosterner la face contre terre, de pleurer nos péchés, écrasé à leur vue et sous leur poids...; avant d'inonder le sol de Gethsémani de ses larmes et

155

de ses sueurs écarlates...; avant de saisir à pleines mains le calice, d'y porter ses lèvres et de boire jusqu'à la lie la souffrance rédemptrice, le Sauveur actualise sacramentellement son sacrifice du lendemain.

Avant de tacher de son sang le pavé du prétoire, de porter sur ses épaules l'instrument de son supplice et de gravir la sinistre colline, le corps tout déchiré, les pieds nus et ensanglantés, chancelant et tombant sous son lourd fardeau...; avant de déposer sur ce bois, patène de sa messe, l'hostie qu'il est lui-même...; avant que son cœur laisse entendre son dernier battement et s'ouvre sous la pointe de fer..., à cette table de la cène, sous des enveloppes significatives, par la puissance de sa parole, il se tient lui-même en mains : Agneau de Dieu, il s'offre à son Père pour la rédemption du monde.

Avant de s'immoler dans la réalité même de son être physique, il exprime symboliquement le drame que demain il va vivre. Emporté par son amour, il rend déjà présent, sous le signe du pain brisé, son corps labouré par les fouets, ses mains et ses pieds transpercés par les clous; et sous le signe du vin coulé dans la coupe, son sang versé jusqu'à la dernière goutte... Et il offre à son Père ce martyre qu'il subira dans quelques heures. Grâce à cette mystérieuse institution, ce précieux sang versé une fois pour toutes, toujours vivant et toujours fécond, traverse les siècles et coule sans cesse sur notre terre, lavant dans ses flots les péchés des générations successives.

Que d'abaissements pour nous rejoindre et pour nous traduire avec vérité son amour! Abaissements de Nazareth où, tout Dieu qu'il est, il épouse notre nature et se fait semblable à nous. Abaissements du calvaire où il n'a même plus l'apparence d'un homme.

Abaissements de la cène où il se réduit à l'état inerte de pain à manger et de vin à boire.

Avant de se plonger dans l'abîme d'humiliations que sera sa passion, notre divin Maître tient à signifier par un acte extérieur l'attitude intérieure d'humilité qui est son caractère fondamental: «Le Verbe s'est anéanti lui-même, en prenant la condition d'esclave... Le Fils de l'homme est venu pour servir...» Prenant donc dans ses mains le bassin rempli d'eau, et à genoux dans la posture du serviteur, il lave les pieds de ses Douze.

Puisse cette scène évangélique, que nous allons revivre avant de célébrer l'Eucharistie, pénétrer jusqu'au tréfonds de nos âmes et nous interpeller avec force et suavité.

Le lavement des pieds est le premier pas du Seigneur dans sa montée à l'autel du sacrifice.

Oui! avant de s'agenouiller, le front dans la poussière, au jardin de l'agonie, et de laisser tomber de ses lèvres le *fiat* sauveur, il se met à genoux devant ses frères.

Oui! avant de recevoir le baiser du traître, la couronne d'épines, les coups de fouets, le gibet d'infamie; avant de gravir les pentes du Golgotha et d'expirer au milieu des sarcasmes et des blasphèmes, en pardonnant à ses bourreaux, il lave et baise les pieds de ses frères.

Oui! avant de prendre en ses deux mains le pain de sa chair et le vin de son sang et d'offrir à son Père le sacrifice de la nouvelle alliance pour le salut du monde, il rend à ses frères le service réservé aux esclaves.

C'est non seulement à ses apôtres qu'il dit: «Ce que je fais, vous devez le faire vous aussi», mais à nous tous, baptisés, revêtus par conséquent de son sacerdoce royal, c'est-à-dire du pouvoir de l'offrir et de nous offrir avec lui. Au calvaire, il joue seul le jeu; mais par la vertu de son sang versé, nous devenons ses membres et entrons en participation de son œuvre rédemptrice. Quelle éminente responsabilité que la nôtre! Y songeons-nous assez?

Écoutons, chacune pour notre part et dans l'intimité d'une vraie rencontre avec le Cœur Eucharistique, ce qu'il veut bien nous dire en ce jeudi saint 1976:

Le lavement des pieds doit être ton premier pas dans ta participation à mon sacrifice.

«Je t'en ai donné l'exemple. Avant de présenter ton offrande à l'autel, va vers tes frères, surtout vers ceux à qui tu as à pardonner; vas-y avec ton cœur et répands sur eux l'eau de la bonté, de la tendresse, de l'indulgence, de la miséricorde... Remplis ce rôle avec respect. Comme moi, sers à genoux: le disciple n'est pas au-dessus du maître. Mets-toi à mon école: apprends que je suis doux et humble, que l'humilité féconde l'amour, lui fournit son énergie extrême, le rendant capable de don de soi jusqu'à la mort. Elle en est l'expression la plus pure et la plus touchante. Vois, je me donne tout entier avec un amour *in finem*. Mais comment? Dans une crèche sur de la paille, dans un atelier de charpentier en maniant le marteau et la scie, au milieu des pauvres n'ayant pas une pierre où reposer la tête, sur une croix entre deux voleurs; et je perpétue ce don dans un fragment de pain que tu manges bien simplement.

«Charité et humilité sont essentiellement liées l'une à l'autre. Elles sont les deux mouvements de ta respiration spirituelle. L'humilité dilate ton cœur et lui donne son essor; en ce qui regarde le sacrifice, elle prépare la victime, et la charité y met le feu. Pour aider vraiment ceux qui t'entourent, comprendre leurs souffrances, trouver le remède à appliquer, laver les âmes, il te faut descendre. Un cœur doux et humble ne dédaigne pas les pieds sales. D'ailleurs, ne sais-tu pas par expérience combien il t'arrive de te salir en cours de route et d'avoir besoin, toi aussi, d'être lavée?

«Sois humble, et tu seras toujours disposée au don de soi dans le sacrifice par amour. Pour participer activement et efficacement à mon sacrifice, tu dois t'unir par le fond de ton âme à mes sentiments et te mettre au préalable dans les dispositions que requiert cet acte, sommet de ta vie chrétienne. Je te le répète:

Le lavement des pieds doit être ton premier pas
dans ta participation à mon sacrifice.

«Oui! avant de venir à l'autel, de t'incliner profondément avec moi pour rendre à mon Père l'hommage d'adoration qui revient à sa souveraine majesté, va te mettre à genoux devant tes frères.

«Oui! avant de revivre mon immolation et de t'offrir avec moi, lave et baise les pieds de tes frères.

«Oui! avant de communier à ma chair brisée et à mon sang versé, et de consommer en toi mon sacrifice

159

pour le salut du monde, rends à tes frères le service de l'esclave.

« Va... et n'oublie jamais que...

le lavement des pieds fut mon premier pas
dans ma montée à l'autel du sacrifice. »

15 avril 1976

AVEC LUI

Dans la douce et chaude ambiance du cénacle de Jérusalem, contemplons à nouveau Notre-Seigneur au terme de sa vie temporelle, incarnant en des gestes et en des mots plus expressifs que jamais le don total de lui-même et l'amour de son Père pour nous.

En ce soir inoubliable, ceux qu'il appelle ses «amis», ses «petits enfants», le voient s'agenouiller devant eux. Après avoir versé de l'eau dans un bassin et s'être ceint d'un linge, il se met en frais de laver les pieds de ses Douze. Revenu à table, il prend dans ses mains du pain et du vin, et affirme avec autorité que c'est son corps livré et son sang versé. Des bouches mangent ce qu'il dit être son corps et des lèvres boivent ce qu'il dit être son sang. Ces gestes, qui pour le moins étonnent et bouleversent les disciples, font sur eux une profonde impression.

«C'est un exemple que je vous ai donné... Faites ceci en mémoire de moi.» Par ces paroles, ne les invite-t-il pas – et nous avec eux – à le contempler, lui, notre modèle, lui, l'Image personnelle et vivante du Père, pour reproduire ses traits? Tous les exemples de sa vie, il nous les a laissés pour que nous agissions comme nous l'avons vu agir. Tout chez lui est à imiter; ses actions les plus humbles portent en elles le reflet du visage du Père – «Qui me voit, voit mon Père» – et servent à notre instruction. Pour devenir parfait comme notre Père céleste, il faut vivre en présence du Christ, chercher à avoir ses sentiments, à le copier en tout. Il est le Maître incomparable qui nous instruit par son enseignement et par son comportement.

La première condition de notre vie chrétienne, c'est de l'écouter et de l'imiter. Regardons-le pour apprendre l'humilité. Regardons-le pour apprendre la charité. Tous ses gestes sont l'amour en acte. Sa vie: des actes d'amour successifs; l'institution de l'Eucharistie: l'acte d'amour *in finem*; sa mort: l'acte d'amour suprême. Tous ces actes d'amour, il nous les offre, condensés et unifiés dans le don de son corps et de son sang toujours offerts, toujours sacrifiés pour nous à l'autel. Contemplons-le pour nous identifier à lui. Qu'à force de le regarder, nous devenions un autre lui-même. Que nos cœurs soient comme des miroirs exposés au soleil d'amour eucharistique toujours présent sur nos horizons surnaturels, afin de nous en remplir et de le refléter sur nos semblables pour les éclairer et les réchauffer.

Revivre, au jeudi saint, le lavement des pieds est une tradition bien touchante dans l'Église. Participons à ce mémorial avec respect, en y puisant quelques-unes des leçons qui s'en dégagent.

«Si je ne te lave, tu n'auras pas de part *avec moi.*» Cette parole, écho de cette autre du Maître à Nicodème: «Nul, s'il ne renaît de l'eau, ne peut entrer dans le Royaume», nous parle de la grâce sanctifiante: eau merveilleuse, don d'amour par lequel Notre-Seigneur nous fait participer à sa nature divine et nous incline vers la communion personnelle avec lui.

«Tu n'auras pas de part *avec moi.*» Jésus, c'est l'Emmanuel, Dieu avec nous! «Dieu *avec nous*», il l'est par le mystère de l'Incarnation et par celui de l'Église. «Je suis avec vous jusqu'à la consommation des siècles.» Cette promesse se réalise: il est avec nous jusqu'à la fin des temps, non seulement en son Évangile par la doctrine et les exemples qu'il nous y a laissés, mais surtout par sa propre vie qu'il nous communique dans son Église par ses sacrements, en particulier par l'Eucharistie.

«Tu n'auras pas de part *avec moi*... Dans mes épreuves, vous êtes demeurés constamment *avec moi*... Père, je veux que là où je suis, ceux-là soient *avec moi*... Vous n'avez pas pu veiller une heure *avec moi*... Aujourd'hui même, tu seras *avec moi* en paradis.» Ces paroles ont une onction telle que 2000 ans ne parviennent pas à en affaiblir l'écho, ni à en amoindrir la suavité. Par cet *avec moi* tombé de ses lèvres ardentes à son dernier souper, de ses lèvres agonisantes au jardin de Gethsémani, de ses lèvres mourantes sur la croix du Golgotha, Notre-Seigneur a voulu nous rendre sensible son besoin de s'unir à nous, de nous avoir sans cesse avec lui. En effet, la préposition «avec», suivie d'un pronom personnel, exprime la relation. «Avec» veut dire union, alliance, et «moi» signifie ce qui constitue la personnalité, l'être profond.

Pour réaliser cet *avec moi*, cette alliance, Notre-Seigneur s'abaisse et nous lave, il nous purifie: «Si je ne te lave, tu n'auras pas de part *avec moi*.» Ses anéantissements, ses humiliations sont la condition de notre salut. C'est lui qui, en nous lavant dans son sang, nous rend dignes de partager son Royaume: «Tu seras *avec moi* en paradis.» Puissions-nous ne jamais en perdre le souvenir.

Lavées dans les eaux du baptême, nous le sommes, pour avoir part *avec lui* à sa vie divine, à sa louange adoratrice, à son sacrifice rédempteur, à sa mort et à sa résurrection glorieuse.

> **Lavées dans les eaux du baptême,**
> **nous le sommes,**
> **pour avoir part avec lui**
> **à sa vie divine.**

La grâce sanctifiante, sang nouveau infusé dans nos veines, pénètre au plus profond de nous-mêmes, là où nous sortons sans cesse des mains créatrices de Dieu. Elle affecte le tréfonds de notre être et le divinise. Elle nous rend capables de connaître Dieu comme il se connaît, de l'aimer comme il s'aime. Elle nous introduit dans sa famille et nous donne droit à son héritage.

Après avoir imprimé en notre âme quelque chose de ses traits, de sa physionomie, de sa beauté de Fils du Père, le Seigneur, par son Esprit, illumine notre intelligence de clartés surnaturelles et réchauffe notre cœur du feu de son amour. Il ne se contente pas d'habiter en nous et de nous pénétrer de sa présence; il nous communique ses pensées, il inspire nos initiatives et anime nos activités. Il agit *avec nous*, nous identifie à lui, et fait de nous en lui des adorateurs en esprit et en vérité.

> **Lavées dans les eaux du baptême,**
> **nous le sommes,**
> **pour avoir part avec lui**
> **à sa louange adoratrice.**

Sans lui, nous sommes incapables d'adorer Dieu notre Père comme il convient. Son cœur est le lieu propre de l'adoration, l'unique temple vivant où l'on peut chanter avec le Verbe de Dieu la gloire de la souveraine Majesté. Là, l'humanité et la divinité se rencontrent; et l'adoration, tout en restant humaine en soi, est divine dans la personne du Fils de Dieu. À nous, ses membres, il prête sa bouche, ses lèvres, et notre pauvre balbutiement devient une louange parfaite à notre Père commun. Ne négligeons pas l'exercice de cette auguste fonction, surtout au moment de la messe et de l'action de grâce. *Avec lui*, soyons de ces adorateurs en esprit et en vérité que le Père, dans sa prescience, s'était préparés, et voit maintenant dans le Fils de ses complaisances.

**Lavées dans les eaux du baptême,
nous le sommes,
pour avoir part avec lui
à son sacrifice rédempteur.**

À ce sacrifice, nous communions de la façon la plus intime, la plus profonde, par la réception du corps et du sang du Christ dans l'hostie, alors qu'il vient en nous pour consommer son sacrifice eucharistique.

Notre incorporation en lui est pour lui le moyen de subir en nous ce qu'il ne peut plus endurer en son corps glorieux. L'éventail de toutes les agonies qui étreignent l'humanité nous montre le Christ en croix jusqu'au soir du monde. Sacrifiées *avec lui*, soyons-le par l'acceptation généreuse de notre lot de chaque jour. Prenons en mains nos douleurs, petites ou grandes, comme instruments de rédemption : cette migraine qui me serre les tempes, ce rhumatisme qui me broie les os, cette peine qui me laboure le cœur, cette inquiétude qui blanchit mes nuits, ce contact fraternel qui m'accable; en un mot, que tout ce qui me pèse soit ma façon de m'immoler *avec lui*. Sacrifiées *avec lui*, soyons-le par l'accomplissement fidèle de notre tâche quotidienne, qui est peut-être la croix la plus lourde à porter; car la souffrance, on la trouve parfois plus constante là, que partout ailleurs. Elle devient comme le moyen privilégié de permettre au Christ de continuer en nous sa passion et d'en étendre les bienfaits à tout son corps mystique.

Non seulement n'évitons pas le sacrifice, mais allons au-devant, sachant bien que ce qui nous sauve, ce n'est pas tant ce que nous faisons, mais ce que nous immolons par amour. La conquête des âmes s'opère sur et par la croix. Qui comprend que Notre-Seigneur, dans son acte d'amour du jeudi saint, dépasse toute mesure humaine d'expression en perpétuant le sacrifice de sa chair et de son sang, travaillera à son salut et à celui de ses frères tout d'abord par des immolations: celles qui crucifient le plus, saignent le cœur davantage et font mourir à chaque fois en quelque sorte, pour dire et redire avec force: «Je vous aime.»

> Lavées dans les eaux du baptême,
> nous le sommes,
> pour avoir part avec lui
> à sa mort et à sa résurrection glorieuse.

Enfin, quand viendra notre dernier soupir, si nous avons eu soin de vivre *avec lui,* de louer le Père *avec lui,* de nous sacrifier *avec lui*, nous obtiendrons, il n'y a pas à en douter, de mourir *avec lui*; donc de communier aux sentiments qui remplissaient son cœur sur la croix, de remettre notre âme entre les mains du Père et de «bénir la mort qui nous immole à sa suprême Majesté[11]». Et ce sera l'heure de l'*avec moi* éternel, l'heure qui nous donnera et nous unira à Jésus-Christ pour toujours; l'heure où, submergées par l'indicible béatitude, nous partagerons *avec lui,* dans le

Royaume, la vision du Père et goûterons leur mutuelle étreinte qu'est l'Esprit d'amour.

Avec lui, ce sera la joie inaltérable. *Avec lui*, ce sera la paix éternelle. *Avec lui*, ce sera le bonheur sans fin.

Et quand les temps seront clos, que le Christ aura englouti la mort dans sa victoire (cf. 1 Co 15, 54) ce sera alors, pour notre corps, le partage de sa résurrection glorieuse.

7 avril 1977

ÉVANGILE ET EUCHARISTIE

Célébrons dans la joie et dans l'action de grâce l'anniversaire du grand jour où notre bien-aimé Sauveur créait un signe prodigieux qui nous le rendait présent avec son corps, dans son immolation, pour jusqu'au soir du monde. Arrêtons-nous à contempler et à écouter Jésus, ce beau visage de l'Amour: il en est la révélation, l'image à la portée de notre nature. Il est le cœur même de Dieu: *le grand Amour qui donne sa vie!*...

Le lavement des pieds exprime symboliquement ce que furent sa vie et sa mort: un service d'amour pour le salut du monde; et l'institution de l'Eucharistie les sacramentalise à jamais. Relisons-en la relation avec les yeux du cœur et voyons *Jésus, le grand Amour,* se lever de table, déposer son manteau, se ceindre d'un linge, prendre un bassin, y verser de l'eau et se livrer humblement à la besogne réservée aux esclaves. Il concrétise ainsi sa condition de serviteur et confirme ce qu'il a déjà dit aux siens: «Le Fils de l'homme n'est pas venu pour être servi, mais pour servir...» Dans son optique, le lavement des pieds signifie: «donner sa vie en rançon pour une multitude». Il considère ce service comme allant jusqu'au don total de soi dans le sacrifice. À travers ce geste, il nous montre, ou plutôt nous donne toute sa vie comme idéal à poursuivre, comme modèle à imiter.

Voyons *Jésus*, *le grand Amour*, à table avec ses intimes qui ne comprennent pas alors ce qui se passe; ils le comprendront plus tard. Il prend dans ses mains le pain et le vin du repas pascal et prononce des paroles irrévocables qui nous le donnent, pour la suite des siècles, dans sa mort et sa résurrection: «Ceci est mon corps livré... Ceci est mon sang versé...» À travers ce geste, il se met lui-même sous de pauvres apparences. Nous, chrétiens d'aujourd'hui, d'hier et de demain, nous le posséderons tout autant que les apôtres au soir de la cène et, pour nous identifier à lui, nous le mangerons.

Il n'y a pas de plus grand amour que de donner sa vie...

Sa vie!... *Jésus*, *le grand Amour*, nous l'a donnée de son premier souffle à son dernier, et il nous la redonne en un *livre* inspiré: *l'Évangile*.

Sa vie!... *Jésus*, *le grand Amour*, nous l'a donnée une fois pour toutes en mourant cloué sur une croix, et il nous la redonne en un *pain* sacramentel: *l'Eucharistie*.

Il n'y a pas de plus grand amour que de donner sa vie...

Sa vie!... *Jésus*, *le grand Amour*, nous l'a donnée de son premier souffle à son dernier...

Sa vie!... Il nous l'a donnée dans le sein de la Vierge Mère quand il se formait lentement un corps, se façonnait amoureusement un cœur, et animait ce tout petit être d'une âme bien humaine et porteuse de vie divine en plénitude.

Sa vie!... Il nous l'a donnée à Bethléem quand il vit le jour au fond d'une étable, grelottant sur la paille humide d'une pauvre crèche.

Sa vie!... Il nous l'a donnée à Nazareth quand il allait puiser de l'eau à la fontaine pour aider sa mère, ou se dépensait dans l'atelier de son père, rabotant et polissant des pièces de bois à la sueur de son front.

Sa vie!... Il nous l'a donnée dans cette petite bourgade quand, caché durant 30 ans, il croissait en âge, en sagesse et en grâce devant Dieu et devant les hommes.

Sa vie!... Il nous l'a donnée en Palestine quand il parcourait pieds nus les routes, y jetant à pleines mains la semence de la Parole de Dieu.

Sa vie!... Il nous l'a donnée en Judée quand il formait ses disciples, leur dévoilait les secrets de son cœur et les embauchait dans son œuvre.

Sa vie!... Il nous l'a donnée en Galilée quand il attirait les foules par sa bonté, sa miséricorde, et allumait dans les âmes la lumière de la foi et le feu de son amour.

Sa vie!... Il nous l'a donnée dans la solitude du jardin à la lueur des étoiles et sur la montagne à la clarté du soleil, quand il louait son Père, l'adorait et lui rendait grâce.

Sa vie!... Il nous l'a donnée à Gethsémani, au prétoire et sur le calvaire, quand il rougissait notre terre de son sang sauveur.

Sa vie!... Il nous l'a donnée sur le Golgotha un vendredi, de la sixième à la neuvième heure, quand il agonisait, puis mourait sur une croix.

Sa vie!... Jésus, le grand Amour, nous l'a donnée de son premier souffle à son dernier, et il nous la redonne en un *livre* inspiré: l'*Évangile*.

Cette vie qu'il nous a donnée goutte à goutte, pendant 33 ans, il nous la redonne, avec tout ce qu'elle comporte, en ce *livre* divin qu'on nomme l'*Évangile*. Elle palpite dans toute la Bible, mais plus encore dans les pages du Nouveau Testament.

Sa vie!... Jésus, le grand Amour, nous la redonne sous la plume de ses plus proches témoins oculaires qui nous racontent fidèlement et en détail son histoire, les situations concrètes dans lesquelles il a vécu, les paroles qu'il a prononcées, les gestes qu'il a accomplis, en un mot les événements qui ont tissé son existence. Il vit pour nous dans ce *livre*. Il est là, présent et agissant. Ouvrir avec foi l'*Évangile,* c'est se trouver face à lui, c'est le voir, l'entendre, le rencontrer personnellement, c'est boire la lumière de sa vérité et la tendresse de son cœur. Tous les mots portent le Verbe incarné, le Jésus doux et humble.

Sa vie!... Jésus, le grand Amour, nous la redonne. De sa bouche adorable tombe toujours cette parole merveilleuse qui a bouleversé ses contemporains et qui, depuis 2000 ans, apaise les soifs les plus brûlantes de notre esprit et satisfait les aspirations les plus nobles de notre cœur.

Dans son *Évangile* et par son *Évangile,* il continue à passer sur nos routes en faisant le bien; incalculable est le nombre de personnes séduites et captivées par cette vision de bonté ineffable. Ses paroles et ses actions respirent une éloquence irrésistible. Elles mettent en relief toute sa doctrine et sont toujours en harmonie avec ses enseignements.

«Je vous ai donné l'exemple pour que vous agissiez comme j'ai agi envers vous.» Dans ses gestes, dans ses paroles, c'est comme exemplaire de notre perfection que *Jésus, le grand Amour*, nous donne et redonne sa vie: «Soyez parfaits comme votre Père céleste est parfait... Qui m'a vu a vu le Père.» Modèle incomparable, il se propose lui-même à notre imitation, et avec raison: n'est-il pas l'idéal que nous devons poursuivre, idéal qui nous éclaire et nous meut? Par le truchement de chacun des mots de ce *livre*, il exerce sur nous une action mystérieuse et profonde qui touche notre âme jusqu'en son fond le plus intime et provoque l'adoration.

L'Évangile n'est pas simplement un livre à lire, mais à vivre. Ce qui importe, c'est d'approfondir le sens des scènes évangéliques, de les méditer avec le désir de pénétrer la pensée, les sentiments et les vouloirs de Jésus, de nous nourrir de sa doctrine; en un mot, de nous mettre à son école et d'orienter nos actions dans cette voie qui conduit au Père. Ce qui importe, c'est d'y chercher le cœur de notre bon Maître pour connaître les dimensions de son amour, le reproduire et donner au monde d'aujourd'hui des témoins authentiques, des *évangiles vivants*, afin que se multiplient les adorateurs en esprit et en vérité.

Il n'y pas de plus grand amour que de donner sa vie...

Sa vie!... *Jésus, le grand Amour*, nous l'a donnée une fois pour toutes en mourant cloué sur une croix.

Sa vie!... Il nous l'a donnée dans toute sa réalité concrète quand, couronné d'épines, sali de crachats, méconnaissable, il agonisait, pieds et mains rivés sur son gibet.

Sa vie !... Il nous l'a donnée globalement quand, ruisselant de sueur, la chair en lambeaux, brisée en toutes ses fibres et rougie de son sang, il expirait sur le bois rugueux de son supplice.

Sa vie !... Il nous l'a donnée totalement quand, dans ce dernier souffle qui éteint la vie, il remettait son âme entre les mains de son Père.

Sa vie !... Il nous l'a donnée radicalement quand la lance brutale lui transperçait la poitrine, s'en allait jusqu'à son cœur pour l'ouvrir et y prendre la dernière goutte de son sang rédempteur.

Sa vie !... Jésus, le grand Amour, nous l'a donnée une fois pour toutes en mourant cloué sur une croix, et il nous la redonne en un *pain* sacramentel : *l'Eucharistie.*

Cette vie qu'il nous a donnée au prix de tant de souffrances, il nous la redonne avec toute sa richesse dans le mémorial de sa passion. Même si vingt siècles nous séparent de cette heure salvatrice, *son heure,* notre Jésus nous rejoint encore dans son sacrifice. À la veille d'expirer sur le Golgotha, il a créé ce moyen extraordinaire, ce sacrement qui le fait revivre tout au long des siècles dans son mystère pascal. *L'Eucharistie,* c'est le cœur du Christ dans son acte rédempteur. La messe, n'est-ce pas lui se livrant à nous ? n'est-ce pas son sacrifice accompli dans le passé qui s'insère dans nos vies d'aujourd'hui ? n'est-ce pas le Jésus toujours donné, jamais épuisé ?

Sa vie !... Jésus, le grand Amour, nous l'a donnée une fois pour toutes par sa mort ; sa vie, oui, il nous la redonne ! La terre entière avec ses milliers d'autels ne forme qu'un seul temple : le corps du Christ ; avec ses millions de célébrations eucharistiques, un seul sacrifice : celui du calvaire ; avec ses milliards d'hosties, un seul Christ : *Jésus, le grand Amour,* au milieu de nous !

Tous les baptisés qui vivent dans l'Église sont par conséquent saisis par lui, meurent dans sa mort et ressuscitent dans sa résurrection.

Sa vie!... Jésus, le grand Amour, nous la redonne avec tous ses mystères condensés en son corps devenu hostie. Depuis la cène, tout prêtre qui prend en ses mains une parcelle de pain et un calice de vin et qui prononce les paroles dites par Jésus ce soir-là, le rend réellement présent, l'immole sacramentellement, et nous communique sa vie.

Sa vie!... Jésus, le grand Amour, nous la redonne comme sacrifice et pain pour nous transformer en lui. Notre-Seigneur, par la communion, nous assimile à lui, aspire toute notre existence dans son acte d'amour rédempteur et nous fait passer de ce monde à son Père. Sa chair et son sang ne se mêlent pas aux nôtres sans doute, mais puisque le baptême nous greffe sur sa sainte humanité, par elle, sa vie divine coule en nous et nous transforme. De plus, cette rencontre corporelle avec le divin Ressuscité purifie notre chair et y laisse un germe de résurrection glorieuse. Nous nourrir à la table sainte, c'est donc accroître notre être de grâce et intensifier notre alliance mystique avec la personne de Jésus: transcendante union que celle de la communion eucharistique! Toute notre vie spirituelle baigne dans le précieux sang.

Cette Pâque de Jésus doit devenir pour nous un fait personnel, inséparable de nos vies. Le Christ nous associe à son sacrifice, non seulement dans ce court moment de la célébration eucharistique à laquelle nous participons, mais en tout temps. Nous ne pouvons être vraiment son disciple, pleinement membre de l'Église, son corps, à moins de nous offrir avec lui, de nous engager à son œuvre, de nous associer dans le concret de nos vies à son acte d'amour rédempteur et à la grâce de sa résurrection. Tout communiant, pour avoir part avec lui, doit donc revivre le mystère pascal.

Livrons-nous à Jésus sincèrement à chaque messe, dans un élan d'amour qui n'a de cesse au cours de nos journées, pour donner au monde d'aujourd'hui des témoins authentiques, des *eucharisties vivantes*, afin que se multiplient les adorateurs en esprit et en vérité.

Conclusion

Sa vie!... qu'il a vécue historiquement dans sa sainte humanité, *Jésus, le grand Amour*, nous la redonne; deux tables nous sont dressées: *l'Évangile* et *l'Eucharistie.*

L'Évangile: le Christ dans sa réalité historique.
L'Eucharistie: le Christ dans sa réalité actuelle.

L'Évangile: message d'amour.
L'Eucharistie: testament d'amour.

L'Évangile: livre sacré.
L'Eucharistie: signe sacré.

L'Évangile: exemplaire vivant.
L'Eucharistie: pain vivant.

L'Évangile: parole de lumière sous le voile des mots.
L'Eucharistie: parole de vie sous le voile du pain.

L'Évangile: l'accueillir, c'est recevoir la Parole et s'ouvrir à elle.
L'Eucharistie: la manger, c'est assimiler la Parole et se laisser assimiler par elle.

L'Évangile: nourriture de notre esprit.
L'Eucharistie: nourriture de notre coeur.

Dans l'Évangile: Jésus nous donne sa vie écrite au souffle de son Esprit.
Dans l'Eucharistie: Jésus nous donne sa vie pétrie au feu de son amour.

Dans l'Évangile: nous voyons Jésus.
Dans l'Eucharistie: nous goûtons Jésus.

Dans l'Évangile: le principe de vie est sa parole.
Dans l'Eucharistie: le principe de vie est son corps.

Dans l'Évangile: il opère par sa parole, sous les apparences de la lettre.
Dans l'Eucharistie: il opère par son corps, sous les apparences du pain.

Dans l'Évangile: il faut le contempler et l'écouter pour faire ce qu'il a fait.
Dans l'Eucharistie: il faut le manger et se laisser manger pour devenir ce qu'il est.

L'Évangile nous donne *l'Eucharistie* et *l'Eucharistie* nous donne *l'Évangile.* Ils sont une seule et même réalité: Jésus Christ, le Verbe de Dieu en son humanité, le *grand Amour qui donne sa vie.* Pour le bien connaître et aimer, il nous faut manger la Parole et le Pain.

Étudier Jésus dans *l'Évangile,* c'est, à la lumière de la foi, le connaître par l'esprit comme on connaît quelqu'un dont on a lu la vie ou les écrits, mais combien plus!

Le manger dans *l'Eucharistie,* c'est, à la chaleur de la charité, le connaître par le cœur, comme on connaît un ami avec lequel on converse et dont on saisit l'amour qu'il nous porte, mais combien plus! Ses paroles prononcées pendant les heures de sa vie mortelle sont toujours esprit et vie, et il nous les répète à l'intime du cœur au moment de la communion.

Pour ces deux tables où nous allons entretenir et développer notre vie surnaturelle, louons le Seigneur! Oui, exaltons-le et rendons-lui grâce!

Demandons à l'Esprit Saint un regard qui scrute les profondeurs pour mieux comprendre le mode de reconnaissance que nous impose ce don d'amour qu'est la *vie de Jésus*. Puisse-t-il nous faire saisir l'exemple qu'elle nous donne et l'appel qu'elle nous lance de la copier, de la manger pour être transformées en *évangiles vivants* et en *eucharisties vivantes*, afin que se multiplient les adorateurs en esprit et en vérité, et que nous nous perdions un jour dans la vision éternelle de *Jésus, le grand Amour qui donne sa vie*.

23 mars 1978

JÉSUS À GENOUX... JÉSUS À TABLE

Au jour anniversaire de l'institution de l'Eucharistie, une joie toujours jeune déborde de tout cœur vraiment chrétien et s'exprime en un vibrant cantique de louange et d'action de grâce.

Le jeudi saint, l'Église fête l'aube de ses noces avec l'Agneau. Le récit du dernier repas met sous nos yeux le Verbe fait chair dans l'ultime révélation de l'Amour. Pour demeurer en permanence avec son épouse, il bouleverse les lois de la nature et se crée un nouveau mode d'être. L'univers sacramentel sort de ses mains toutes-puissantes et le «soleil eucharistique», cet astre de feu qui n'est autre que lui-même, apparaît au firmament de l'Église et y brillera désormais jusqu'à la fin des siècles.

En cette merveilleuse page d'Évangile, deux apôtres captivent surtout notre attention: Pierre et Jean; Pierre, la tête de l'Église et Jean, son cœur. Il convenait que Jésus leur confiât la charge de préparer ce qu'il fallait pour célébrer la Pâque.

Au lavement des pieds, *Jésus à genoux* devant ses apôtres, nous montre comment nos misères humaines sont un aimant qui l'attire; et Pierre qui s'abandonne dans ses mains répond en notre nom à ses avances.

Au repas pascal, *Jésus à table*, invitant ses apôtres à le manger, nous montre qu'il vient faire alliance avec nous; et Jean qui se blottit amoureusement au creux de son épaule répond en notre nom à son vouloir d'intimité.

Contemplons avec piété Jésus tenant en ses mains sans tache les pieds sales de son apôtre. Prêtons l'oreille et entendons-le nous parler d'amour.

Jésus aux pieds de Pierre, c'est le Fils de Dieu devenu notre esclave. Oubliant sa dignité et s'apitoyant sur notre misérable condition de pécheur, il veut, au prix de son sang et de sa vie, nous en délivrer.

Jésus aux pieds de Pierre, c'est l'Amour miséricordieux, inépuisable, au visage d'homme, qui gratuitement nous offre ses services. Il s'approche de nous, s'incline jusqu'à terre, s'agenouille et par l'eau, symbole de la grâce, nous débarrasse des souillures intérieures qui peuvent compromettre notre communion avec lui. Cette alliance, n'est-ce pas ce qu'il poursuit? «Tu n'auras pas de part avec moi.»

Jésus aux pieds de Pierre, c'est l'Amour miséricordieux qui nous lave pour nous faire participer ici-bas à sa Pâque sacramentelle en attendant de nous faire participer là-haut à sa Pâque éternelle. Notre purification est donc dans les mains du Christ Sauveur: dans ses mains d'où coulent sans arrêt les grâces de pardon et de lumière, dans ses mains qui seules ouvrent les portes du Royaume. On n'a qu'à se laisser saisir par elles, comme Pierre, et «l'Agneau de Dieu, qui ôte les péchés du monde» (Jn 1, 29) efface les nôtres.

La purification est donc initiative de Dieu et réponse de l'homme. Cette réponse et la communion au sacrifice eucharistique exigent, au point de départ, une purification essentielle dans le bain du baptême;

et, tout au long de la vie, un recours au bain de la pénitence, qui en est le prolongement.

La participation à la Pâque du Seigneur est à jamais liée au lavement des pieds. Notre-Seigneur semble établir un lien étroit entre la confession des péchés et le banquet eucharistique. Veut-il attirer notre attention sur la nécessité du sacrement du pardon en nos vies? Le chrétien est un être qui n'a jamais fini de se purifier, car il est pécheur, et par conséquent jamais totalement pur. Nous sommes toujours en route vers la sainteté du Christ et l'union avec lui. Souvent, hélas! de la boue nous colle aux pieds et alourdit notre marche.

Laissons-nous laver afin que notre personne purifiée soit une offrande spirituelle, un don d'amour à Dieu notre Père en son Fils bien-aimé. Combien il nous veut purs pour partager sa table et participer à son mystère pascal!

«Le Christ, qui invite au banquet eucharistique, nous dit Jean-Paul II dans son encyclique *Redemptor Hominis*, est toujours le Christ qui exhorte à la pénitence, qui répète: 'Convertissez-vous'. Sans cet effort constant et toujours repris pour la conversion, la participation à l'Eucharistie serait privée de sa pleine efficacité rédemptrice; en elle ferait défaut ou du moins se trouverait affaiblie la disponibilité particulière à offrir à Dieu le sacrifice spirituel dans laquelle s'exprime de manière essentielle et universelle notre participation au sacerdoce du Christ[12].»

Jésus à genoux devant ses apôtres, c'est le Fils du Très-Haut *à nos pieds* qui, dans sa miséricorde, nous dit son amour et réclame le nôtre. Dans la réaction spontanée de Pierre, on lit un amour respectueux et véhément, de la vénération pour son Seigneur. N'est-il pas celui qu'un jour il a proclamé Fils de Dieu? On comprend sa résistance: «Tu ne me laveras pas les pieds. Non, jamais!» Mais Jésus, qui sait tout, voit déjà la chute de Pierre; il veut le guérir de sa présomption qui le fit s'écrier: «Seigneur, je suis prêt à aller avec toi et en prison et à la mort», et le prévenir du doute et du découragement, pour qu'au temps de l'épreuve il affermisse ses frères. Demain, oui! à la faible voix d'une femme, il le reniera trois fois; mais dès que son regard croisera celui de son Maître, des larmes brûlantes de repentir commenceront à couler, sillonneront ses joues, jusqu'à ce que, par respect et amour pour son Seigneur, il meure martyr et, selon son désir, crucifié la tête en bas. Quel modèle d'amour fort et repentant!

Puissions-nous toutes avoir quelque chose de saint Pierre: nous laisser saisir et purifier par le Sauveur, réparer nos fautes par un amour sincère qui répond en toutes circonstances: «Seigneur, tu sais que je t'aime» (Jn 21, 15).

Posons maintenant un regard contemplatif sur *Jésus à table*, tenant en ses mains très saintes le pain et le vin, et laissons-nous émerveiller par les prodiges que son amour réalise.

Jésus à table élevant vers le ciel le pain et le vin, c'est le Verbe fait chair nous créant un monde nouveau plus merveilleux encore que le premier: son Église! Il lui donne alors un être sacramentel, lequel naîtra demain de son côté transpercé et sera mis en acte par l'Esprit Saint à la Pentecôte.

Jésus à table changeant le pain en son corps et le vin en son sang, c'est le Verbe incarné faisant jaillir de ses mains le soleil de cette seconde création: l'Eucharistie, centre autour duquel gravitent tous les autres sacrements; ils en dérivent et convergent vers elle. C'est de l'Eucharistie que s'engendre la vie de l'Église et c'est dans l'Eucharistie qu'elle s'accomplit, car l'Eucharistie, c'est Jésus Christ, «pain rompu pour un monde nouveau [13]».

Jésus à table donnant à ses apôtres l'ordre d'accomplir ce qu'il fait, c'est le Pontife suprême consacrant alors les prêtres de la nouvelle alliance. Par ces simples petits mots: «Faites ceci en mémoire de moi», il leur communique ses propres pouvoirs, les identifie à son être sacerdotal et les comble de grâces appropriées à leur sublime vocation.

En ses apôtres réunis autour de lui, ne contemple-t-il pas, dans une vision amplifiée, tous ceux qui au cours de l'histoire recevront ce caractère sacré et éternel? Par eux il assure à l'Église, son épouse, la perpétuité de sa présence sacramentelle, le prolongement de son sacrifice rédempteur, le rassemblement de ses élus.

En ce repas d'adieu, il les voyait d'avance, ceux de tous les siècles: ceux qui depuis près de 2000 ans ont maintenu vivante son Église, et ceux qui en ce jeudi saint 1979, réunis autour de leur évêque pour la messe chrismale, renouvellent leurs promesses sacerdotales. Il les chérissait et les bénissait tous! Une Dominicaine Missionnaire Adoratrice s'empresse de répondre au désir de sa mère Église; elle prie pour que le Seigneur répande sur ses prêtres ses dons en abondance, afin qu'ils soient les fidèles ministres du Christ souverain Prêtre, et nous conduisent à lui, l'unique source du salut. Une Dominicaine Missionnaire Adoratrice ne fermera sûrement pas les yeux, ce soir, avant d'avoir rendu grâce à son Seigneur Jésus pour cette autre merveille sortie de son cœur en même temps que l'Eucharistie.

Jésus à table tenant en mains le pain et le vin, c'est l'Homme-Dieu inaugurant l'alliance que demain il scellera dans son sang versé sur la croix. Avant que ses bras étendus dessinent entre ciel et terre le signe indélébile de l'alliance, il voulut célébrer la Pâque au milieu de ses disciples[14]. Célébrer l'Eucharistie, c'est donc confesser et annoncer la nouvelle et éternelle alliance.

Jésus à table se faisant pain de vie, c'est l'Époux sauveur préparant son épouse pour la cérémonie nuptiale fixée, dans les décrets éternels, au lendemain, sur le calvaire, à la troisième heure.

Jésus à table se distribuant en nourriture, c'est le Fils de Dieu qui se cache et se réduit à presque rien afin de pouvoir s'unir intimement à nous! C'est l'Homme-Dieu qui renonce au mode humain de présence et d'action, qui s'anéantit en quelque sorte pour pouvoir vivre en nous et avec nous. À chaque fois que nous mangeons cette chair et buvons ce sang, nous scellons de nouveau notre alliance avec le Seigneur et, de communion en communion, nous avançons vers l'éternelle alliance.

«Quand nous recevons Dieu dans ce sacrement, nous dit Jean-Paul II, c'est en même temps lui qui nous reçoit. Le Dieu de majesté infinie se fait tout proche de nous[15]!»

Jésus à table communiant ses Douze, c'est le divin Ami nous donnant le témoignage le plus éloquent de son amour, le signe efficace de l'union de son cœur avec le nôtre. Cette alliance, qui commence pour chacun dans l'eau du baptême, se consomme dans la manducation du corps du Christ au banquet du pain et de la coupe. À ce repas mystique, ne se fait-il pas entièrement nôtre? «Ma chair livrée pour vous... Mon sang versé pour vous...» Et nous pouvons lui dire en toute vérité: «Seigneur, tu es à moi»; il nous appartient et nous sommes à lui. En raison de cette mutuelle possession, nous devons lui donner notre cœur pour lui permettre, selon son désir, ces épousailles en son sang. La simple logique exige qu'au souvenir de cette explosion de son amour en chacun, on réponde chacun par un renouveau d'amour. C'est le merci qu'il réclame. Il veut un amour de gratitude, oui! mais surtout un amour d'intimité.

Jésus à table permettant à Jean de se reposer sur son cœur, c'est l'Amant divin qui nous dit son amour et réclame le nôtre. L'apôtre vierge, en action de grâce sur son épaule, dans la chaleur d'une douce amitié, lui répond en notre nom et lui manifeste un amour intime d'une grande pureté. Livré candidement à la tendresse de son Maître, buvant dans l'extase les joies de l'union, il ouvre la lignée des mystiques de la nouvelle alliance.

S'il l'a aimé, son Sauveur! Fidèle, il le fut jusqu'au bout! Il l'a suivi durant toute sa passion. Au calvaire, le seul des Douze, il sera au pied de la croix, et tellement identifié à Jésus qu'il méritera d'être présenté à Marie comme étant son fils. Au matin de Pâques, le premier il sera au tombeau. Jusqu'à son dernier soupir, il exhortera ses frères, les appelant avec tendresse: «mes petits enfants, mes bien-aimés»; il les exhortera à aimer Jésus et à s'aimer les uns les autres. Quel modèle d'amour pur et fervent!

Cet amour qui prend sa source dans le Cœur Eucharistique, porte en lui une force d'expansion infinie qui le rend universel. Pour qui aime comme Jean, le prochain est un mot d'amour de Jésus, un reflet de son visage, une expression de sa beauté, un morceau de son cœur, un signe de sa présence, une émanation de sa bonté qui provoque l'amour.

Aucun hommage de gratitude ne répond mieux au don de l'Eucharistie qu'un amour absolu envers Dieu notre Père, un amour oblatif pour Jésus et un amour universel vis-à-vis de nos semblables.

Puissions-nous toutes avoir quelque chose de saint Jean, de son intimité profonde avec Jésus, de son amour virginal pour lui et de sa charité pour ses frères.

Relisons souvent le récit du lavement des pieds, pour apprendre à nous laisser saisir et purifier comme Pierre. Revenons souvent à la cène, pour apprendre comme Jean le secret d'une vie brûlée par l'amour.

Fixons notre esprit et notre cœur à l'autel, là où coule le sang de la nouvelle alliance; apprenons du Seigneur à nous laisser immoler avec lui et, notre existence éphémère achevée, nous nous enivrerons pour toujours au vin du banquet des noces éternelles.

12 avril 1979

UNE LEÇON D'OBÉISSANCE

Depuis mon retour d'Haïti, ou plutôt depuis hier soir, j'ai essayé de méditer et d'approfondir le lavement des pieds, mais c'est comme si je n'en étais pas capable. Cependant, deux pensées me sont venues à l'esprit. Avant de vous les communiquer, retournons 2000 ans en arrière et imaginons-nous un peu ce qui se passait au cénacle de Jérusalem ce soir-là.

Les Douze avec leur Maître entrent bien simplement, comme tout le monde, dans une salle, pour y célébrer la Pâque juive. Une coutume ordinaire semblait s'y dérouler; mais allons-y voir! Une des plus grandes merveilles de l'histoire se réalisait. Sur une table, quelques pains deviendront tantôt le pain de vie; du vin deviendra le sang sauveur, le sang rédempteur. Au cours des siècles, on mangera ce pain, on boira ce vin: cette nourriture fera les apôtres, construira l'Église; et pourtant, à ce moment-là, ça semblait être, comme partout à Jérusalem, la cène pascale, la Pâque des Juifs. Mais dans l'esprit du Sauveur présidant ce repas qu'il prenait avec ses Douze, c'était la fondation de son Église.

Pour la troisième fois, les apôtres allaient manger l'agneau pascal avec Jésus. Mais cette fois-ci – on se l'imagine – Jésus devait avoir une expression plus mystérieuse, une intonation de voix plus prenante; il ne devait pas être le même. Ce qui se passait dans son cœur, dans son esprit, devait se manifester au dehors. Il devait être plus beau que jamais, plus chaleureux, plus tendre que jamais.

Regardons les apôtres autour de lui: ils ne sont que douze. Il aurait pu en inviter tant et tant d'autres! Il a donc préféré «les siens», comme le dit saint Jean: «Ayant aimé les siens, il les aima jusqu'à la fin.» Les siens, ça voulait dire, strictement parlant, ses Douze: ceux qu'il réunissait ce soir-là, en ce repas d'adieu, et avec qui il voulait être seul... Les siens: ses Douze, ses préférés, ses privilégiés! Lazare n'est pas là, et pourtant il l'a ressuscité. Lazare, c'est un grand ami: que de repas il a pris chez lui! Mais Lazare n'est pas là: seuls ses Douze, ceux qu'il a choisis de façon particulière, sont là.

Qu'est-ce qu'il va faire d'eux? Ils ont passé dans les rues de Jérusalem comme tout le monde; ils n'avaient rien de bien spécial, c'étaient des pêcheurs pour la plupart; mais ce sont «les siens»: ses choisis. Quand ils sortiront de cette salle, que seront-ils devenus? Des prêtres, des évêques, les colonnes de son Église. S'il y a des prêtres aujourd'hui, si l'Église continue d'exister et de se développer, c'est que le jeudi saint, au soir de la cène, Jésus a réuni ses Douze autour de lui, pour manger la Pâque et établir la nouvelle alliance. Ce sont ces Douze-là – plutôt ces onze, puisqu'il y avait un traître – qui ont jeté les bases de l'Église et qui font qu'aujourd'hui il y a des prêtres, il y a des apôtres, il y a des missionnaires. Comme c'est touchant de penser que cette cène du jeudi saint, cette cène mystérieuse nous a donné l'Église, l'Eucharistie, le sacerdoce.

Arrêtons-nous plutôt au prélude puisqu'il s'agit pour nous, en ce moment, de revivre le lavement des pieds. Les apôtres, étonnés, voient Jésus qui se lève de table, enlève son manteau. Ils se demandent les uns aux autres, du moins par le regard: «Qu'est-ce qu'il va faire»? Cela devient de plus en plus mystérieux: il se met un linge autour de la ceinture, prend un bassin, y verse de l'eau. Il fait cela tout seul. Il aurait pu se faire servir; il aurait pu dire à l'un ou l'autre: «Va me chercher ceci, cela». Non, il fait tout par lui-même, pour leur témoigner plus d'amour et leur dire davantage combien il les aime. Il se met à genoux, dépose le bassin sur le sol et commence à laver, non les mains, mais les pieds de ses apôtres: des pieds sales et couverts de boue dégoûtante... Jésus à genoux! Le souverain Maître à genoux! Le Fils de Dieu à genoux devant ses créatures!... Quel abaissement!

Est-ce que cela ne nous transporte pas à une autre scène? Au grand mystère de l'Incarnation, à ce moment où le Verbe de Dieu s'est mis à genoux aux pieds de sa créature, Marie de Nazareth, pour lui demander la permission de prendre en elle l'état d'esclave, lui demander une chair passible, mortelle, afin de réaliser notre salut? Est-ce que ce n'est pas un geste qui nous parle de ce grand mystère d'un Dieu à genoux aux pieds de sa créature pour lui quêter une chair passible, un corps mortel, afin de pouvoir souffrir et mourir, et nous crier ainsi, d'une façon humaine, son amour!

Revenons à la cène, regardons la réaction de Pierre, et voyons la leçon que j'en tire. C'est la première fois que je suis frappée par cet aspect de la réaction de Pierre: réaction pleine de respect, pleine d'humilité, pleine d'amour et d'admiration pour son Maître. «Toi, Seigneur, me laver les pieds! Mais non, jamais!» Comme il y a de l'amour dans tout cela! Et pourtant Notre-Seigneur le menace: «Si je ne te lave pas, tu n'as pas de part avec moi...: tu ne mangeras pas à ma table, tu ne seras pas ordonné prêtre, tu n'entreras pas dans le Royaume, tu n'auras aucune part avec moi.» Se peut-il que le refus d'obéir blesse à ce point son cœur qu'il soit prêt à exclure l'un des siens de son intimité? Et c'est Pierre! un des trois privilégiés, un des trois qui étaient au Thabor et qui ont vu Jésus transfiguré!... Pierre, celui sur qui il veut bâtir son Église! *Quelle leçon d'obéissance!* Cela me frappe, me fait peur, me saisit en ce jeudi saint. «Tu ne comprends pas, Pierre; ça te paraît irraisonnable, ridicule, inconvenant ce que je fais: tu comprendras plus tard. Tu ne comprends pas? Tu n'as pas besoin de comprendre! Ce que je veux, c'est que tu te livres, que tu t'abandonnes dans mes mains, que tu te laisses faire: c'est cela que je veux. Je veux te laver les pieds, laisse-moi faire.»

Nous sommes des privilégiées, nous vivons l'intimité avec le Seigneur. Il nous a consacrées, mais cette consécration, cette quasi-garantie de vie éternelle peut nous être enlevée si, tenant à nos jugements, à nos idées, nous résistons à l'autorité; si nous ne nous livrons pas aux mains de ceux et de celles qui ont comme mandat de nous commander, de nous gouverner. C'est la première fois que je suis frappée par cette *leçon d'obéissance* que le Seigneur nous donne au jeudi saint. «Tu comprendras plus tard»... On comprendra peut-être seulement dans l'éternité certains gestes, certaines décisions de l'autorité: soit de l'Église ou de notre congrégation. On comprendra peut-être seulement dans l'éternité; mais si on n'obéit pas, on risque de perdre l'intimité avec le Seigneur, et même de perdre le bonheur éternel.

L'obéissance..., je pense que c'est la leçon, le message que Jésus nous donne aujourd'hui à nous, Dominicaines Missionnaires Adoratrices. Pierre aimait

Jésus; la preuve, c'est que dès qu'il a été menacé de perdre son intimité avec lui, de n'être plus son ami, il a répliqué: «Non seulement les pieds, mais... lave-moi tout entier!» Il s'est alors livré complètement dans les mains du Seigneur. Voilà ce que fait *l'obéissance*: elle nous livre, et elle est comme un sacrement de purification. Apprenons à ne jamais résister à Jésus. L'*obéissance* nous livre en ses mains pour qu'il puisse nous transformer en lui, s'exprimer lui-même et se faire connaître à travers nous, faire de nous des instruments de son amour. Obéir, c'est laisser Dieu agir en nous et par nous. Comme c'est grand *l'obéissance*!

Je veux m'effacer pour que ce soit lui qui vous lave les pieds. Douze sœurs représentent la communauté; c'est donc toute la communauté qui se fait laver les pieds après-midi. Pendant que Jésus va nous laver les pieds, livrons-nous à ses mains toutes-puissantes, dans un esprit d'obéissance. Essayons de nous faire purifier par Jésus de toutes nos désobéissances, nos résistances aux demandes de l'autorité, à certaines de nos constitutions, de nos lois qui nous paraissent trop sévères; résistances à certaines demandes de l'Église parfois. Regardons pour voir s'il n'y a pas dans notre vie une ou des résistances. Est-ce qu'il ne nous arrive pas de censurer les décisions, les volontés de l'autorité? Regardons pour voir. Puis demandons à Jésus de nous purifier, de nous laver les pieds, de nous les baiser. Que ses lèvres se posent sur eux, pour que le feu de l'amour nous consume, pour que nos pieds soient des pieds d'apôtres, de missionnaires toutes livrées au Christ, avec lesquelles il est libre de faire ce qu'il veut.

Je vais donc passer en essayant que ce soit lui. Voilà ce que je vais lui demander pour chacune de nous: *un esprit d'obéissance*. Il est sûr que du lavement des pieds se dégage une leçon de charité: «Lavez-vous les pieds les uns aux autres; aidez-vous.» On en a tellement parlé, que cette leçon-là, toutes vous l'entendrez résonner dans votre cœur. Mais celle de *l'obéissance*, je crois que c'est la première fois qu'elle me vient à l'esprit. Serait-ce parce que je vois toutes les merveilles que fait *l'obéissance* dans nos vies?

Demandons à Notre-Seigneur de nous laver de ses mains toutes-puissantes, de ses mains qui ont tout créé, de ses mains qui ont fait tant de miracles d'ordre physique et surtout d'ordre moral: «Va, tes péchés te sont pardonnés...»

Et n'oublions pas le Cœur Eucharistique; entendons-le nous parler de son don d'amour. Je suis retournée à une de mes premières allocutions du jeudi saint et j'ai été surprise de lire, presque textuellement, ce que j'ai compris il y a quelque temps sur la préparation au sacrement du pardon face au cœur du Christ à l'autel. «Le cœur eucharistique que je vous ai donné au jeudi saint, et que je vous donne sans cesse à l'autel, est un cœur que la lance du soldat a ouvert sur la croix; et de cette ouverture coule sans cesse le précieux sang dans lequel viennent se laver les âmes désireuses de se purifier. C'est le lavement des pieds qui se poursuit en quelque sorte à travers les siècles. Sans cesse, mon cœur de chair est le bassin dans lequel je plonge les âmes; mon sang, l'eau purificatrice[16].»

Remercions donc le Seigneur pour le don du Cœur Eucharistique, puis participons à la messe d'aujourd'hui comme si c'était la messe où Jésus a été le seul à célébrer: la messe de Jésus à la cène. Essayons de pénétrer son cœur, surtout au moment où il descend dans le cœur de ses apôtres par la communion, et réfléchissons sur la grandeur de la communion.

Une petite pensée, la deuxième qui m'est venue à l'esprit aujourd'hui: Jésus nous donne son corps, oui, mais substantiellement. La substance, si je me souviens bien, on la définit comme étant le fond de l'être, ou plutôt l'être qui existe en soi; qui, en fait, existe par l'acte de Dieu. Quand on pense qu'à la communion Jésus vient en nous substantiellement, ça veut dire qu'il vient dans son être fondamental. Il ne peut pas être plus intimement en nous. Recevoir Jésus substantiellement, c'est recevoir son être en son principe individuel. La rencontre se fait entre deux substances; et cette substance de Jésus a comme subsistance ou réalité la personne du Fils de Dieu. Notre substance, ne serait-ce pas notre âme en tant que tendue vers Dieu pour recevoir la vie? Ne serait-ce pas notre être qui boit la vie à toute seconde à l'être de Dieu? Notre substance, c'est le fond de notre être, là où la vie nous arrive tout le temps, là où Dieu nous fait exister. C'est quelque chose de tellement grand!

Jésus, en tant qu'homme, a une substance qui reçoit la vie de lui-même, de sa propre personne, puisque Verbe de Dieu. Quelle vie vient-il nous donner dans ce contact qu'est la communion? La vie divine. Si on est suspendu à lui pour exister naturellement, notre personne est suspendue à la sienne pour recevoir la vie divine. Notre communion fait que, par cette rencontre substantielle avec Jésus, nous communions à sa personne, qui est le Fils de Dieu; et à travers lui, Dieu le Père nous prend et fait de nous de plus en plus, en son Fils, des fils adoptifs.

Essayons de communier, en ce jeudi saint, comme jamais nous ne l'avons fait au cours de l'année! Essayons de communier avec des sentiments de gratitude, d'amour, d'émerveillement, de don de soi, avec un esprit de sacrifice, pour que notre communion soit des plus ferventes. Ensemble, nous chanterons à l'intime de notre cœur: «Amour et gloire à la Trinité, par le Cœur Eucharistique», pour témoigner de notre gratitude vis-à-vis de tout ce qui s'est passé au jeudi saint d'il y a 2000 ans; pour remercier Jésus des leçons qu'il nous a données, des tendresses qu'il nous a manifestées, en particulier pour le don de l'Eucharistie et du sacerdoce.

N'oublions pas les prêtres! Nous avons vu tantôt comment les Douze ont été «les siens», ses privilégiés au milieu de tout ce peuple qu'il avait visité, au milieu de tout ce monde à qui il avait manifesté tant de bonté et de tendresse. Il en a gardé douze avec lui. Ils ont été ses intimes, et il en a fait «d'autres lui-même!» Respectons toujours les prêtres et prions beaucoup pour eux, sacrifions-nous pour eux. Pensons à ceux qui sont plus proches de nous; pensons à ceux qui se préparent à devenir prêtres.

Ensemble, chantons avec beaucoup de force, beaucoup de ferveur, d'élan, d'amour: «Amour et gloire à la Trinité, par ton Cœur Eucharistique, Seigneur!»

Allocution spontanée, 3 avril 1980

CÉLÉBRONS LE CORPS DU CHRIST

Profitons de l'opportunité que nous offre notre mère la sainte Église: faisons pieusement, guidées par elle, notre pèlerinage à Jérusalem. À la lumière de l'Évangile, revoyons et revivons ce qui s'y passait il y a 2000 ans. On y accourt de tous les coins de la Judée: c'est la célébration de la Pâque, fête religieuse pour le peuple élu, en souvenir de sa sortie d'Égypte et de sa délivrance. Selon le rite prescrit par Moïse, on mange un agneau qu'on vient d'immoler en rappel de celui dont le sang fut sauveur (cf. Ex 12, 1-14).

Rendons-nous au cénacle: ce repas traditionnel semble se dérouler comme partout ailleurs mais, sans même le soupçonner, on y vit les heures les plus divines de l'histoire, celles qui marquent à jamais son tournant. Dans un climat de chaude amitié, une douzaine d'Israélites sont à table autour d'un beau jeune homme, comme on n'en a jamais vu, dans la trentaine, rayonnant de vie, de force et de santé; son visage est empreint de bonté, de douceur, d'intelligence, et enveloppé d'un halo de mystère qui soulève l'admiration des convives. Leurs yeux mouillés d'émotion ne voient rien de l'entourage; ils sont tout entiers dans leur regard fixé sur ce Quelqu'un, sur ce Maître sans pareil. Ses paroles énigmatiques et ses gestes étonnants les captivent et les bouleversent.

Qui est cet homme, en tout semblable aux autres mais fascinant à tel point qu'il n'a qu'à lever le petit doigt pour que tous cessent de remuer..., qu'à ouvrir la bouche pour que tous cessent de parler?

Qui est cet homme, en tout semblable aux autres mais les dépassant tous en beauté? Beauté parfaite que la terre n'a jamais possédée, qu'aucun humain n'a jamais rencontrée... Arrêtons-nous un instant et contemplons «le plus beau des enfants des hommes» (Ps 45, 3).

Qui est cet homme, en tout semblable aux autres mais les dépassant tous par sa science? Prêtons l'oreille et écoutons ses enseignements: jamais homme n'a parlé comme lui.

Qui est cet homme, en tout semblable aux autres mais les dépassant tous par sa puissance? Repassons dans notre mémoire le récit de ses miracles et livrons-nous à l'émerveillement: «Jésus a accompli encore bien d'autres actions. Si on les relatait en détail, le monde même ne suffirait pas, pense Jean, à contenir les livres qu'on en écrirait» (Jn 21, 25).

Oui! Qui est cet homme? Comment expliquer son extraordinaire ascendant, son incomparable pouvoir de séduction? Son secret, il l'a révélé: il est le Fils de Dieu, et c'est justement à cause de cette affirmation que, demain, il sera condamné et cloué au bois.

Cet homme! Nous savons qui il est... C'est le Très-Haut et le Très-Proche, le Verbe fait chair, celui par qui tout a été fait. Chacun de ses mots contient l'infini, chacun de ses gestes, la toute-puissance. Il est l'Immense, l'Éternel renfermé dans les limites de l'espace et du temps. En ce Nazaréen qui nous regarde, nous parle et nous écoute, nous entrons en relation avec la personne du Fils de Dieu: «Celui-ci est mon

Fils bien-aimé» (Mt 17, 5) et en lui, avec le Père: «Qui m'a vu a vu le Père.» Son *corps* est le sacrement de cette révélation, l'instrument de notre salut, le temple vivant de la nouvelle alliance. Dans sa Personne ont lieu les épousailles: la nature divine et la nature humaine se donnent, au souffle de l'Esprit, le baiser de l'union.

Rendons un hommage particulier d'action de grâce à notre cher Sauveur pour le don de son *corps*: historique dans l'Incarnation..., sacramentel dans l'Eucharistie..., *mystique* dans l'Église.

1. Célébrons dans l'action de grâce le corps historique du Christ

Célébrons ce *corps* que le Père lui a donné, que l'Esprit Saint lui a façonné dans le sein de la Vierge Marie, qui fut pendant 33 ans le signe sensible et efficace de sa Personne, le grand sacrement créé par Dieu notre Père pour nous manifester l'abîme sans fond et sans rivage de son amour. À travers les gestes de cet homme qui se penche avec tant de délicatesse sur les siens, les secourt, leur lave les pieds, c'est son amour paternel qui se répand. Cet homme, il est son Verbe: en ses paroles, c'est sa tendresse paternelle qui passe.

Par le lavement des pieds, le Fils de Dieu illustre en un langage symbolique le rôle de serviteur qu'il est venu remplir ici-bas. En se faisant homme, il a pris le visage et la condition d'esclave. On l'a vu, tout jeune et jusqu'à trente ans, raboter des planches dans l'atelier du charpentier Joseph. On l'a vu, pendant trois ans, se fatiguer sur les routes brûlantes et poussiéreuses de la Palestine, pour nous annoncer la

Bonne Nouvelle du Royaume. On l'a vu, surtout la nuit, à genoux sur la terre nue, accoudé sur le roc, la tête dans les mains, prier pour nous son Père. C'est donc 33 ans de service que, ce soir, il dépose aux pieds de Pierre – par conséquent de son Église – avant de pousser le service jusqu'à l'extrême: jusqu'à s'abandonner aux mains des pécheurs et mourir pour nous sauver.

Le lavement des pieds est, selon les exégètes, un acte prophétique qui annonce la passion et en est comme le signe sensible. Grâce à son *corps*, le Fils de Dieu se livre à notre place, paie de sa mort la rançon du péché; et son sang, d'une valeur infinie, lave l'humanité coupable. Le baptême nous fait passer dans la mort du Christ et, par sa mort, dans sa vie.

Dans le dialogue du Maître avec Pierre, on peut voir l'annonce des principaux sacrements de notre vie chrétienne: le baptême, le bain qui rend «entièrement pur»; la pénitence, celui qui lave des souillures de la route; l'Eucharistie, la part promise par le Seigneur et voulue par le baptisé. Dans le baptême et aussi la pénitence, se trouve le désir du repas pascal, ou plutôt le vœu de prendre part à ce festin de la nouvelle alliance et de manger le *corps* du Christ.

«Tu comprendras plus tard.» Quand comprendrons-nous bien ce geste de l'eau versée sur notre front au jour de notre baptême, ce geste qui nous a plongés dans le sang rédempteur, qui a marqué le fond de notre être du sceau des enfants de Dieu, qui nous a incorporés au Christ et ouverts à son action! Quand comprendrons-nous bien jusqu'à quel point nous lui appartenons et sommes greffés sur lui! Quand comprendrons-nous bien cette part qu'il promet à qui se laisse laver, et quand nous livrerons-nous à lui, comme Pierre, des pieds à la tête!

Oui ! Célébrons dans l'action de grâce le corps histori-
que du Christ !

2. Célébrons dans l'action de grâce le corps sacramentel du Christ

Célébrons ce *corps* qui, à la cène, dans les mains créatrices du Seigneur et au souffle de sa parole, surgit, caché sous d'humbles apparences..., ce *corps* qui nous garde, toujours présent et agissant, le Ressuscité en son mystère pascal.

Ce qu'il vient de nous annoncer dans le lavement des pieds est sur le point de se réaliser. Elle va bientôt sonner, son heure, l'heure où il va passer de ce monde à son Père, où il va mourir pour notre salut et signer en son sang l'alliance nouvelle. Son cœur, blessé par l'amour avant d'être ouvert par la lance, invente la merveille des merveilles: l'Eucharistie, sacrement de son *corps* dans l'acte même du sacrifice de sa vie.

À la grande stupéfaction de ses apôtres, il prononce des paroles inédites et pose des gestes mystérieux, mais combien lourds de signification et de réalisation. «Ceci est mon corps donné pour vous»: voilà la parole clef du jeudi saint! L'Église nous invite à revivre avec elle le repas où les Douze ont entendu cette parole tomber des lèvres de leur Maître. Cette parole venant du Verbe créateur produit ce qu'elle signifie. Ô miracle! le *corps sacramentel* voit le jour. Le Christ anticipe: en son cœur, il s'engage déjà dans sa passion et s'immole vraiment. Son cœur est bien le sanctuaire de son sacrifice. Effaçons de l'intelligence du Christ la conception vive et lucide qu'il a de sa mort et aussi, sans doute, des circonstances qui l'entourent; enlevons de sa volonté l'acceptation libre et entière, l'élan d'amour qui le porte de tout son poids vers cette heure, et sa mort n'est plus un sacrifice.

Il rompt le pain pour signifier que son *corps* sera brisé, et que c'est comme tel qu'il nous le laisse et nous le distribue en nourriture. Ce *corps* invisible, mais réel quant à sa substance, que ses mains élèvent vers le Père sous des espèces visibles, mais vides de leur être propre, ses yeux intérieurs le voient déchiré, tout couvert de sang, rendre le dernier soupir. Il s'entend déjà dire à la face du ciel et de la terre: «Tout est achevé... Père, je remets mon esprit entre tes mains.» Son *corps* s'endormira tantôt dans la mort; mais c'est ressuscité, glorieux et immortel qu'il nous le donnera à l'avenir, dans ce sacrement qu'il vient d'instituer. «Faites ceci en mémoire de moi.» Ses apôtres, qu'il revêt du même coup de ses pouvoirs, et leurs successeurs, en assureront la survivance: en mémoire de lui, son *corps* sera de nouveau rendu présent dans son unique sacrifice, dans le mystère de la Rédemption accomplie. Ô merveille! et son cœur éclate de joie.

Cet acte d'amour commencé au soir d'adieu n'aura pas de terme. Le «toujours» est sa loi: «Voici que je suis avec vous jusqu'à la fin du monde.» Le «partout» est son extension: la croix du Golgotha couvre maintenant tout le cosmos, l'univers est sa dimension, et Jésus y est cloué pour jusqu'à la consommation des siècles. Le «pour tous» est son ambition: «Mangez-en tous».

Quand comprendrons-nous bien ce que signifie participer à l'Eucharistie! Quand comprendrons-nous que c'est accepter de «vivre notre mort et de mourir notre vie» pour achever en notre chair ce qui manque à la passion du Christ pour son *corps*, l'Église!

Oui! Célébrons dans l'action de grâce le corps sacra-mentel du Christ!

3. Enfin, célébrons dans l'action de grâce le corps mystique du Christ

Célébrons ce *corps* qui commence avec la première communion des Douze: ce petit groupe en est l'embryon. En leur donnant sa chair à manger sous les espèces du pain, Jésus se forme un *corps* social, l'Église, dont il méritera par son sacrifice sur le calvaire la réalisation ici-bas et la glorification dans l'au-delà.

Entre les bras de sa croix et en pleine agonie, le nouvel Adam épouse la nouvelle Ève qui vient de sortir de son côté ouvert, toute rougie, toute pénétrée du sang de l'Agneau. Lui, l'Époux, par son dernier souffle, l'anime de son Esprit; et de son cœur percé par la lance jaillit la source de l'éternelle vie qui coulera dans les canaux sacramentels. Son épouse, devenue mère, lui concevra de nombreux enfants dont elle prendra soin, qu'elle éclairera, nourrira, éduquera, et qu'ensemble, lui et elle offriront au cours des temps à Dieu le Père.

Au repas de la cène, l'Église reçoit, dans l'ordination des apôtres, le pouvoir et la mission de perpétuer le sacrifice qui la bâtit. L'épanouissement de son *corps* spirituel: voilà le but que poursuit le Christ en créant et perpétuant l'Eucharistie. C'est pourquoi le sacrifice de nos autels, prolongement de celui du Golgotha, est tendu vers la pleine réalisation de son *corps mystique*.

Quand comprendrons-nous bien le geste de l'eau versée et du signe tracé sur notre front, et la mission qui en découle! Par le baptême, nous devenons membres de ce grand *corps* dont le Christ est la tête et l'Esprit Saint, l'âme; et nous sommes consacrés à son extension. Le Christ veut avoir besoin de ses membres pour l'édification et la croissance de son Église: il invite chaque baptisé à lui devenir conforme et à travailler avec lui dans cette œuvre grandiose.

Pour la bien réaliser et être un membre toujours plus vivant et plus actif, il est nécessaire de manger à la table ecclésiale le pain de la Parole et de l'Eucharistie: le pain de la Parole, pour bien connaître le Christ des Écritures et tout le mystère de Dieu dont il est la révélation; le pain de l'Eucharistie, pour que se prolonge en nous et par nous son incarnation. À chaque fois que nous communions à son *corps*, nous devenons davantage ses membres; nos pauvres actions sont assumées par lui, surélevées jusqu'à devenir rédemptrices, et elles participent à la diffusion de la vie éternelle. C'est en son *corps* que tout meurt et tout revit. C'est en le mangeant que le nôtre se renouvelle, se spiritualise et devient progressivement le sien.

Manger son *corps*, c'est manger le pain vivant, la chair vivifiée par l'Esprit, toute brûlante d'amour, nourrissante d'amour, génératrice d'amour.

Être *corps* du Christ, c'est ne plus vivre pour soi mais pour les autres; c'est donc être un pain de lumière qui nourrit les esprits, un pain de charité qui nourrit les cœurs, un pain d'espérance qui nourrit les volontés.

Jésus ne peut plus se manifester personnellement de façon visible; à nous qu'il alimente de son *corps*, il demande d'être son agir. Donnons-lui nos mains, nos pieds, notre visage, nos yeux, nos oreilles, notre bouche, pour que notre corps soit en quelque sorte le sien, par lequel il s'exprime concrètement à notre monde d'aujourd'hui. Laissons-le nous prendre et nous assimiler pour devenir signe sensible de son don d'amour. Avec lui, édifions son *corps* dont une partie, invisible et glorieuse, est en pleine possession du bonheur éternel; une autre, invisible mais souffrante, est plongée dans le feu de l'amour purificateur, dans l'attente de ce paradis; alors qu'une dernière, visible et pérégrinante, avance péniblement dans les ténèbres de la foi et les douleurs de l'enfantement, tendue vers ce Royaume dont elle possède déjà les arrhes.

Oui! Célébrons dans l'action de grâce le corps mystique du Christ!

Il vient le jour où l'histoire prendra fin, où ce merveilleux *corps* aura atteint sa taille parfaite, où nous le verrons dans sa plénitude et participerons à sa gloire! En notre propre corps de ressuscité, nous contemplerons dans l'extase et goûterons jusque dans les fibres les plus intimes de notre être, avec Marie notre mère, les apôtres et l'ensemble des élus, tout ce que notre bien-aimé Maître et Seigneur promettait à Pierre en lui disant, au soir du jeudi saint: «Si je ne te lave, tu n'auras pas de part avec moi.»

Avec lui, notre chef, Christ ressuscité, oui! *célébrons son corps historique* qui fut, durant 33 ans, le grand sacrement de la présence et de l'action de notre Dieu incarné! *Célébrons son corps sacramentel* qui, jusqu'à la fin du monde, nous le rendra présent dans son sacrifice rédempteur, dans son mystère pascal! *Célébrons son corps mystique* qui prit germe à la première communion des Douze, qui subsiste et se développe dans l'assemblée des fidèles participant au même sacrifice et mangeant le même pain, et qui se manifestera dans sa totalité et dans toute sa splendeur lorsque les temps seront clos.

Rendons grâce à la *Trinité* adorable pour le *corps* de Jésus Christ! «*Père, tu m'as façonné un corps... Le Verbe* s'est fait chair... L'*Esprit Saint* viendra sur toi.»

Oui! «Amour et gloire à la Trinité, par le Cœur Eucharistique de Jésus!»

16 avril 1981

POUR BIEN COMMUNIER

Ce que nous avons vu, ce que nous avons entendu, ce que nous avons touché du Verbe eucharistique, pendant le congrès de Lourdes et depuis, nous
a chauffé le cœur. Ayant pénétré plus loin dans le
mystère du pain rompu, nous célébrons avec un enthousiasme rajeuni le grand don qui met le comble
aux excès d'amour de notre Sauveur Jésus. Il reste
vrai qu'il se révélera dans toute sa force au moment
où son cœur sera ouvert par la lance sur la croix: «Il
n'est pas de plus grand amour que de donner sa vie»;
mais la veille, à la table de la cène, son cœur, n'en
pouvant plus, se laisse emporter et pose l'acte
d'amour qui surpasse les limites du possible humain.
Par le feu de sa volonté et la puissance de son verbe,
sa chair qui sera livrée, il la voile sous les apparences
du pain; et son sang qui sera versé, il le cache sous
celles du vin. Il nous donne alors, sous ces signes et
jusqu'à la fin des temps, son corps dans le mystère de
sa mort et de sa résurrection. Les mains pleines de lui,
en un pain mystique, en un pain vivant, il s'offre à
manger; il accomplit l'ancienne alliance et commence
la nouvelle.

Nos messes d'aujourd'hui rendent sacramentellement présent le Christ, non dans le fait historique de
sa mort qui ne peut être renouvelée, mais perpétuant

dans son corps et dans son cœur à jamais glorifiés cet ultime acte d'amour.

Si à chaque célébration eucharistique il y a le mémorial des gestes et des paroles qui ont créé le sacrement du corps du Christ, le jeudi saint demeure par excellence le jour du souvenir: le jour où l'Église universelle revit chaque année cet événement merveilleux, avec un maximum d'intensité et dans des sentiments plus vibrants d'action de grâce et d'amour. La liturgie revêt une solennité qui met en relief la merveille accomplie il y aura bientôt 2000 ans. Les enfants de Dieu, réunis autour de la table de famille, y respirent davantage l'odeur de ce «bon pain de chez nous»: du pain rompu, du pain du ciel. On le loue, on le chante, on le mange, on le savoure, on l'adore. Notre merci, c'est l'ouverture de tout notre être au mystère de la mort du Christ et à son action transformante, et la communion de notre cœur avec le cœur du Ressuscité.

Dans chaque diocèse, la messe dite «chrismale» rassemble les prêtres autour de leur évêque. Dans de nombreuses paroisses, la messe dite «de la cène» voit le pasteur refaire le geste si émouvant du Seigneur lavant les pieds de ses Douze. Plusieurs familles religieuses ont conservé cette coutume. En tant que Dominicaines, nous y tenons.

Pourquoi ne pas voir cette année, à travers cette cérémonie, *Jésus préparant son Église à sa première communion*? Le dialogue de Pierre avec son Maître nous ouvre des horizons sur les dispositions nécessaires à la réception de son corps.

La cène est avant tout un mystère de *communion*. Jésus s'offre en nourriture pour établir en chacun de nous sa demeure, nous révéler les secrets insondables de sa Personne et les dimensions sans mesure de son cœur. Il nous invite à sa table et nous donne à manger, sous des signes sensibles, son corps né de la Vierge Mère et ses 33 ans de vie; son corps dans son état de ressuscité et dans l'acte qui nous sauve. Ce mystérieux repas est le prélude du festin des noces éternelles où notre communion avec Dieu Père, Fils et Esprit, et avec nos frères, atteindra sa plénitude.

La dernière soirée de Jésus avec ses Douze est toute centrée sur le souper pascal, c'est évident! On n'a qu'à lire l'Évangile. Parcourons quelques lignes de cette page qu'une Dominicaine Missionnaire Adoratrice doit creuser, traduire en sa propre vie et rendre lisible pour ses frères.

« Le premier jour des Azymes, les disciples vinrent dire à Jésus: 'Où veux-tu que nous te préparions de quoi manger la Pâque?' » Il envoya, d'après saint Luc, Pierre et Jean. Ils ont dû dresser la table, y déposer les aliments traditionnels: l'agneau immolé, les pains azymes, le vin, les herbes amères; en un mot, tout le nécessaire pour célébrer ce repas. Le pain et le vin furent apportés par deux des convives, tout comme ceux que nous présentons à l'autel. Qui aurait pu deviner le noble sort qui les attendait!

« L'heure venue, Jésus se mit à table avec ses apôtres et leur dit: 'J'ai désiré avec ardeur manger cette Pâque avec vous'...» Son esprit jubilait, car son heure était venue. La manducation du véritable Agneau qu'il est, la communion à son corps s'immolant et la construction de son corps mystique: voilà la fin discrètement poursuivie par Jésus en cette dernière rencontre intime avec ses disciples.

Mais avant ce banquet, il leur fera subir une bonne préparation spirituelle signifiée par le lavement des pieds. Le dialogue de Jésus avec Pierre montre le divin Maître disposant le chef des apôtres, et en lui son Église, à recevoir l'Eucharistie. Il lui fera faire l'expérience de la pureté de conscience requise pour une telle faveur et de la mystérieuse attraction qu'exerce la présence sensible de son humanité.

Pour l'attirer dans le mystère de sa croix, auquel il le fera participer d'avance et de façon sacramentelle, il agit sur son esprit, touche ses sentiments et l'aide ainsi à habiller dignement son cœur. L'ardent Pierre, voyant son Maître enlever son manteau, se ceindre d'un linge et verser de l'eau dans un bassin, devine ce qu'il veut faire. Avec la véhémence qui le caractérise, il s'exclame: «Toi, Seigneur, me laver les pieds!» Ce cri de surprise, preuve de sa foi, est l'écho de la réponse inspirée «non de la chair et du sang, mais du Père qui est dans les cieux» (Mt 16, 17) qu'au nom de ses compagnons Pierre fit un jour à Jésus quand il leur posa la question: «Pour vous, qui suis-je? – Tu es le Christ, le Fils du Dieu vivant» (Mt 16, 15-16). Cette sublime confession lui valut – on s'en souvient – de la part de son Maître, son nom de Pierre et la proclamation publique du rôle dont il serait investi: «Tu es Pierre, et sur cette pierre je bâtirai mon Église» (Mt 16, 18). Dans quelques instants, ces hommes qui constituent le groupe apostolique initial, réunis autour du charpentier de Nazareth, à sa table mangeront sa chair et boiront son sang; en cette première *communion*, l'Église du Christ prendra corps. Donc, sur le point de recevoir le sacrement qui nous donne en substance tout le mystère de notre salut, Simon, devenu Pierre, pose l'acte fondamental de notre foi chrétienne: Jésus, c'est le Seigneur.

L'ardent Pierre contemple Jésus, la Majesté souveraine!... bassin en mains! Il n'en croit pas ses yeux et réplique: «Tu veux me laver les pieds à moi..., toi!» Il mesure la distance qui l'en sépare. La condescendance inouïe de son Seigneur le renverse. Il s'oppose avec vigueur: «Non, jamais!» Quel respect! Quelle vénération! Bref, quelle adoration se dégage de cette résistance!

«Si je ne te lave, tu n'auras pas de part avec moi.» Pierre ne soupçonne pas ce que contient l'allusion de son Maître. «Avoir part», c'est sans doute, dans l'esprit de l'apôtre, avoir le privilège d'être du nombre de ses choisis, de goûter la douce intimité de sa table; et ce soir, l'honneur de manger avec lui l'agneau de la Pâque et de revivre en sa douce compagnie, pour la troisième année consécutive, le mémorial de la délivrance d'Israël. «Tu n'auras pas de part avec moi»: cette parole le foudroie! Il ne pourrait souffrir de séparation entre lui et son Maître... À cet appel direct et menaçant, toutes ses résistances tombent; un cri d'amour, d'obéissance et d'abandon monte de son cœur et il se livre tout entier: «Pas les pieds seulement, mais aussi les mains et la tête.» C'est un cri à l'amour miséricordieux qu'il lance à son Sauveur, c'est un aveu tacite de sa misère, de son besoin de purification; et il s'abandonne sans condition entre ses mains. L'ardent Pierre manifeste ainsi qu'il tient à Jésus de toutes les fibres de son être. Il ne comprend pas ce que Jésus fait, mais ce qui compte pour lui c'est son amitié et rien d'autre. Pour demeurer son ami, son associé, il est prêt à tout: non seulement à un lavage de pieds mais à un bain total. Par ses paroles et son comportement, l'ardent Pierre montre à quel point son Maître l'a séduit et occupe toute la place dans sa vie. Il n'en prend pas conscience, il ne se rend pas compte de la force et de la sincérité de son amour; mais Jésus, son ami, incomparable pédagogue, lui en fait donner, pour son Église, un des plus éclatants témoignages.

Plus tard, l'ardent Pierre comprendra qu'à la table de la dernière cène se réalisait la grande promesse sortie des lèvres du Sauveur à Capharnaüm: donner sa chair à manger en pain de vie éternelle; et que lui, futur chef de l'Église, a posé à ce moment-là le premier acte de foi en l'Eucharistie. Il comprendra que lui et ses compagnons ont reçu ce soir-là le pouvoir prodigieux de perpétuer ce don. Il comprendra aussi que son Maître, au moment du lavement des pieds, mit dans son cœur les sentiments que tout baptisé devrait avoir avant de recevoir le corps du Christ: il devrait vouloir recouvrer, par le sacrement du pardon – si nécessité il y a – et par le bain purificateur du précieux sang à l'autel, la pureté de son baptême, pour s'offrir au Christ, participer activement à son sacrifice et manger convenablement son corps.

À la lumière de notre page d'Évangile, puisons maintenant les leçons pratiques qui se dégagent du lavement des pieds et reproduisons cet événement, le cœur ouvert aux grâces que le Seigneur nous réserve à chacune, pour que notre *communion* d'aujourd'hui nous unisse plus étroitement au Christ et entre nous, et qu'elle soit des plus fécondes pour l'Église.

Nous pouvons comparer notre rite pénitentiel à ce geste du Maître. En son nom et à sa place, le prêtre, au début de la messe, nous invite à nous reconnaître pécheurs devant Dieu et devant nos frères, et à demander pardon pour nos péchés.

À l'instar de Pierre, proclamons d'abord notre foi en la divinité de Jésus; puis envisageons profondément sa grandeur et humblement notre indignité face à lui, et adorons-le.

Comme Pierre, soumettons-nous aux purifications passives, quels qu'en soient la forme et le poids; désirons comme lui une pureté intégrale, puis livrons-nous aveuglément aux mains du Sauveur: présentons-lui, en toute confiance, nos pieds sales et notre être tout entier.

Puissions-nous, comme l'apôtre, nous avancer à la table de la Pâque, brûlées par un ardent désir de Jésus, affamées, assoiffées de sa présence, de son regard, de sa parole, de son amitié, de son intimité, du partage de sa vie, de son pain, de ses amours, de sa mission. En somme, puissions-nous nous présenter à cette table avec un cœur purifié qui invite l'Époux des noces éternelles à établir avec nous son alliance.

La *communion* eucharistique est nuptiale. On peut la comparer au baiser dont parle le *Cantique des Cantiques* (Ct 1, 2); elle réalise entre le Seigneur Jésus et l'âme amie une sainte familiarité, une fusion plus profonde que celle de l'incorporation baptismale, une union sans pareille, un mariage mystique. La *communion*, c'est le don de son corps...; par ce don, sa chair et son sang pénètrent en nous et nous divinisent.

Cependant, cette *communion* nuptiale, tout en étant bien individuelle, est communautaire. On ne communie pas seul au corps du Christ. À la cène, Jésus offre son sacrifice dans l'assemblée des Douze, et c'est à l'intérieur de cette communauté que chaque apôtre reçoit son corps. On le mange à la table de famille, en Église et pour l'Église, pour son unité et sa croissance. Elle a besoin de notre *communion* au corps de son Chef pour se construire. Le lien qui nous unit, c'est un même sang, celui du Christ: consanguinité qui surpasse incomparablement celle de la nature. Ce sang du Sauveur circule en chacun de nous; son cœur blessé par l'amour le propulse sans cesse dans les veines des membres de son corps mystique, selon leur degré d'ouverture et d'accueil. En Jésus et au souffle de l'Esprit, le chrétien communie à Dieu son Père, et cette *communion* fleurit en communion de vie et d'amour avec ses frères.

Dans la mesure où par notre foi et notre charité nous mangeons le corps du Christ, nous devenons «pain rompu pour un monde nouveau». Tout ce qui compose notre vie peut nourrir nos frères et leur apporter des grâces de salut. La vertu rédemptrice peut passer par la moindre de nos souffrances et dans le plus insignifiant de nos gestes.

Rappelons-nous que la *communion* dans le service mutuel nous a été donnée en exemple et demandée par le Maître au lavement des pieds; que l'amour et l'accueil du prochain sont une condition essentielle pour célébrer la Pâque et participer au repas de la communauté chrétienne. On ne saurait s'approcher de la table eucharistique sans être en harmonie avec tous nos frères et sœurs: «Quand tu présentes ton offrande à l'autel, si là tu te souviens d'un grief que ton frère a contre toi, (...) va d'abord te réconcilier avec ton frère... Aimez-vous les uns les autres. Oui, comme je vous ai aimés. À ceci tous vous reconnaîtront pour mes disciples.»

Sur le point de finir cette allocution, le doux profil de Marie se dessine et attire notre regard. Elle est toujours là..., tout près: c'est notre mère! Au moment où le baptême nous incorpore au Christ, il nous jette dans son âme maternelle et, en devenant fils ou fille du Père, nous devenons du même coup son enfant. De concert avec l'Esprit Saint, elle fait jaillir en nous la source d'eau vive qu'est Jésus et nous nourrit de ses vertus. Elle nous porte avec tendresse, guide nos pas, nous aide à marcher à la suite du Maître, à le suivre jusqu'à la croix et à y demeurer cloués avec lui jusqu'à notre dernier soupir.

À elle le Christ a confié tout son corps. Voyons-la dans la demeure de Jean: mère de l'Église, maîtresse de maison, servante du Seigneur, elle n'épargne ni ses pas, ni ses fatigues. Avec quel soin elle pétrit le pain de la table domestique et celui de l'autel! Avec quelle attention elle pétrit le cœur des premiers évêques qui doivent nourrir le corps mystique de son Fils, en assurer l'expansion et le plein épanouissement!

Elle est le modèle et l'éducatrice de la sainteté chrétienne. Toute sa vie en fut une de *communion* parfaite à Jésus, à sa vie cachée comme à sa vie publique, à ses peines comme à ses joies, à sa prière comme à son apostolat, à son service d'amour comme à son immolation sanglante, à sa résurrection comme à son ascension, à son corps eucharistifié et aujourd'hui à sa gloire.

Elle nous montre à reproduire les traits de Jésus et comment vivifier le chez nous ecclésial. Sous son regard plein de sollicitude, nos relations fraternelles se réchauffent; le support mutuel est plus facile, le pardon plus spontané, le service plus généreux, le don de soi plus total. En un mot elle nous stimule à nous «laver les pieds les uns aux autres», comme Jésus nous l'enseigne, et à nous aimer selon son commandement nouveau.

Modèle de *communion* eucharistique et mère des communiants, elle nous aide à habiller notre cœur et à le purifier pour recevoir Jésus. Elle anime notre âme pour donner à ce cher Époux le baiser qu'il attend de son épouse.

Sur les genoux de notre mère, comme une toute-petite, les mains jointes dans les siennes, disons-lui la prière si simple que plusieurs murmurent peut-être encore depuis leur première *communion*: «Ô Marie, ma bonne mère, prépare mon cœur à recevoir Jésus.» Puis déposons dans ses mains le pain de notre offrande. Avec elle et toute l'Église, allons au banquet de la Pâque rendre un hommage particulier d'action de grâce au Sauveur pour le don ineffable de son Eucharistie. Sacrifions-nous avec lui et mangeons, pour nous et pour nos frères, le salut à même sa chair; buvons-le à même son sang jusqu'au jour où, purifiées à fond «des pieds à la tête» et «avec les invités au festin des noces de l'Agneau» (Ap 19, 9) nous nous enivrerons ensemble au «vin nouveau, dans le Royaume du Père», unis à jamais à l'Époux: notre Christ, Prêtre, Roi, Seigneur et Maître!

8 avril 1982

NOTRE RÉDEMPTION,
ŒUVRE D'AMOUR

En la belle fête de l'Annonciation, au son des cloches de la basilique Saint-Pierre, le souverain Pontife nous faisait entrer avec lui dans l'année sainte, par l'ouverture de la porte de bronze, «signe et symbole d'un nouvel accès au Christ [17]». «Par ce geste simple (...), nous dit monseigneur Henri Légaré, o.m.i., le pape veut rappeler au monde entier le 1950[e] anniversaire de notre salut et convier tous les fidèles à 'ouvrir les portes au Rédempteur[18].'» L'Esprit Saint souffle fort dans l'Église, la dynamise; un élan tout neuf nous soulève! Oui, ouvrons plus grandes que jamais les portes au Rédempteur!

Dans la joie, l'émerveillement et l'action de grâce, méditons ce bouleversant mystère de notre salut. En l'an 33 de notre ère chrétienne, se jouait sur le Golgotha, en la chair du crucifié Jésus de Nazareth, le sort de l'humanité: avec sa mort sonnait l'heure la plus décisive de l'histoire universelle. Le Rédempteur de l'homme annoncé par les prophètes, le Fils de Dieu, signait de son sang, sur son corps mutilé, notre réconciliation avec son Père, et «dans un acte de suprême amour pour l'humanité [19]», car

notre rédemption, œuvre de mort et de sang,
est par-dessus tout œuvre d'amour!

215

Pour célébrer dans l'action de grâce le 1950e anniversaire de cet inoubliable événement, consacrons nos jours saints 1983 à contempler l'innocente Victime, clouée à la croix avec deux malfaiteurs, et lisons sur sa chair en lambeaux l'*Amour miséricordieux qui donne sa vie pour le salut du monde*. Puis, prêtons l'oreille et écoutons la voix de son cœur transpercé nous dire, par cette ouverture béante: «Voyez combien je vous aime!»

Pouvait-il nous le crier plus fort? Humainement parlant, non, car pour nous, il n'y a pas de plus grande preuve d'amour que de mourir pour ses amis. Mais pour lui, l'Homme-Dieu, son amour dépassera en expression tout ce qu'un esprit humain peut concevoir et, en geste, tout ce qu'un homme peut poser. À la veille de cet affreux drame historique, au cours du dernier repas qu'il prenait avec ses Douze, ne nous laisse-t-il pas ce témoignage d'amour suprême d'une façon mystérieuse et permanente, dans sa réalité profonde, mais sans effusion de sang? Avant de s'agenouiller sur la pierre du jardin, et d'accepter en tremblant de boire jusqu'à la lie le calice des douleurs salvifiques..., sa passion, à la cène, il la vit en détail dans son esprit, et il immortalise dans son cœur l'acte de sa volonté amoureuse qui donnera valeur de sacrifice à sa mort du lendemain et le fixera à jamais dans la plénitude du don de soi par amour, car

notre rédemption, œuvre de mort et de sang,
est par-dessus tout œuvre d'amour!

Pour célébrer dans l'action de grâce le 1950e anniversaire de cet inoubliable événement, consacrons notre Eucharistie d'aujourd'hui à contempler Jésus, Prêtre et Victime, immolant d'avance, à la dernière cène, son corps et son sang; et lisons, sous les signes du pain rompu et du vin offert, *l'Amour miséricordieux qui perpétue le don de sa vie pour le salut du monde.* Puis, prêtons l'oreille et écoutons la voix de son cœur eucharistique nous dire, par ce don sacramentel : « Voyez combien je vous aime ! »

Oui, rendons grâce en jubilant avec notre mère Église, pour l'Eucharistie : cette merveille des merveilles, ce don par excellence ! Quand Jésus dit : « Ceci est mon corps livré... Ceci est mon sang versé », c'est bien son corps brisé et son sang répandu qu'il nous offre, c'est bien ce sacrifice unique qu'il anticipe, et c'est le festin du Royaume qu'il inaugure. Depuis le jeudi saint, et tout au long des siècles, on immole et on mange, sous des signes efficaces, l'Agneau de Dieu qui enlève les péchés du monde.

L'Eucharistie, c'est l'épiphanie de la Rédemption, la manifestation ultime de l'Amour miséricordieux, le prolongement du calvaire. L'Eucharistie, c'est le dernier excès de l'amour, la table de l'intimité avec le Sauveur, le banquet de l'Agneau immolé. L'Eucharistie, c'est la présence du mystère pascal, le salut s'accomplissant à travers les siècles, le Rédempteur toujours avec nous. L'Eucharistie, c'est l'Église en construction, la révélation la plus évidente de la fraternité humaine, le signe efficace de l'unité. L'Eucharistie, c'est l'axe central de notre foi, le mémorial de la passion, de la mort, de la résurrection, de l'ascension, enfin, le banquet des noces éternelles ! Oui, rendons grâce au Sauveur, notre Dieu, pour ce sacrement ineffable et, jour après jour, essayons de répondre à ce don de son amour par le don de notre amour.

Ne manquons pas d'écouter aussi la voix du pain et du vin de nos offrandes, signes de notre vie et de nos labeurs ; ces offrandes matérielles comportent de sérieuses implications spirituelles. Captons leur message: elles attendent de nous l'authenticité de leur signification, c'est-à-dire le don de notre être et de toutes nos activités, le don de toutes nos lassitudes, de toutes nos fatigues, de toutes nos douleurs, pour les offrir et nous offrir au Christ qui s'immole à l'autel. En égrenant nos jours dans cette optique, nous réalisons en notre propre chair, par nos mortifications, par nos renoncements, par nos souffrances, par notre pauvreté, notre chasteté et notre obéissance bien vécues, la mort du Christ. En mangeant son corps, nous devenons de plus en plus «lui». Son acte d'amour rédempteur, éternisé en son cœur ressuscité, nous fait passer progressivement, en lui, de ce monde à son Père. Oui, consacrons notre Eucharistie d'aujourd'hui à célébrer dans la joie, l'adoration, l'action de grâce et l'amour, le 1950e anniversaire de l'institution de cet ineffable sacrement!

Le jeudi saint, c'est l'amour *in finem* qui nous dit, en des termes et des gestes inédits, pleins de mystère, que *la Rédemption, c'est l'Amour à genoux*! Laver des pieds, pour Jésus, tout comme verser son sang jusqu'à la dernière goutte, n'a de prix qu'à cause de l'amour sans limite qui l'inspire, car

> *notre rédemption, oeuvre de mort et de sang,*
> *est par-dessus tout œuvre d'amour!*

Pour célébrer dans l'action de grâce le 1950e anniversaire de cet inoubliable événement, consacrons la cérémonie que nous allons vivre dans quelques minutes, à contempler Notre-Seigneur lavant les pieds de ses apôtres, et lisons dans ce geste étonnant *l'Amour miséricordieux qui met à la portée de chacun en particulier le salut du monde.* Puis, prêtons l'oreille et écoutons la voix de son cœur agissant dans l'Église, nous dire, par cette présence mystique : « Voyez combien je vous aime ! »

Oui, voyons notre Rédempteur, l'Amour à genoux devant Pierre, le suppliant de se laisser laver les pieds, suscitant en son cœur le désir du Royaume et l'amenant ainsi à travailler, par son obéissance et par l'imitation de son Maître, à son propre salut et au salut de ses frères.

Relevons quelques passages de ce touchant récit évangélique, et nourrissons nos âmes à même la vie qu'ils portent.

« Jésus, sachant que son heure était venue de passer de ce monde à son Père. » Son heure..., c'est l'heure de sa mort ! Toute sa vie fut centrée sur elle : chacune de ses pulsations était en quelque sorte l'acte de son amour, les coups de son cœur menant l'Agneau de Dieu vers l'abattoir (cf. Is 53, 7) pour le salut du monde.

« Ayant aimé les siens... » Les siens... Jésus est un des nôtres par l'Incarnation, et en conséquence nous sommes vraiment « siens ». Ayant épousé notre nature, il est lié par toutes les fibres de sa chair à tous ses frères en humanité. Nous étions donc tous dans son esprit, dans son cœur et dans sa vie, en ceux « qui étaient dans le monde » à ce moment-là, et à qui il pouvait témoigner sensiblement son amour.

« Si je ne te lave... » C'est clair : Jésus prend lui-même l'initiative de nous purifier. Il est notre libérateur : son amour est la main qui nous sauve ; son sang, l'eau qui nous lave. Au saint baptême, il nous donne un bain complet qui nous rend « entièrement pur ». Dans la suite, sous les signes du pardon et du pain sacramentels, il lave nos pieds qui se salissent dans la poussière et la boue du chemin, les fortifie pour nous aider à poursuivre notre route et à avancer vers le Royaume.

«Tu n'auras pas de part avec moi...» Nous faire partager sa vie de Fils de Dieu, son bonheur et sa gloire: voilà le pourquoi de sa venue en ce monde. Grâce à lui, Dieu le Père retrouve l'enfant prodigue, lui tend les bras, lui donne le baiser de la réconciliation, le presse sur son cœur, l'introduit dans la maison, l'assoit à la table de famille, au banquet de la parfaite béatitude, de l'éternelle alliance. «Heureuse faute qui nous a valu un tel Rédempteur[20]!» Jésus, notre Rédempteur, c'est l'Amour à genoux! Jésus, notre Rédempteur, c'est l'Amour miséricordieux faisant des avances. Jésus, notre Rédempteur, c'est l'Amour miséricordieux prenant visage d'esclave. Jésus, notre Rédempteur, c'est l'Amour miséricordieux se mettant à nos pieds. Jésus, notre Rédempteur, c'est l'Amour miséricordieux nous offrant avec instance, sous le signe de l'eau, son sang purificateur. Jésus, notre Rédempteur, c'est l'Amour à genoux! Il s'est dépouillé, a pris condition d'esclave et s'est mis à nos pieds.

Jésus, Rédempteur de l'homme, met donc la Rédemption à la portée de tous: libre à chacun de l'accueillir. Nous devons cependant y collaborer par la foi et l'abandon total entre ses mains, nous laisser laver et convertir par le baptême, et ensuite par les sacrements de pénitence et d'Eucharistie, par l'écoute de la Parole de Dieu, par la fidélité à l'Évangile et à l'Église, par l'attention soutenue au souffle de l'Esprit pour bien saisir les vouloirs du Seigneur et y correspondre. Notre quotidien est le métier sur lequel nous tissons notre salut: toutes les circonstances sont comme des fils de chaîne de différentes couleurs mis entre nos mains pour reproduire, sur la trame de notre existence, les traits du Sauveur. Ce visage est notre passeport pour l'au-delà, notre carte d'identité pour le paradis éternel. Tout ce qui compose notre vie peut servir à cette œuvre merveilleuse: du travail le plus dur au plus facile, de la souffrance la plus atroce à la plus légère, de la peine la plus profonde à la plus superficielle. Tout peut être matière de rédemption, non seulement pour nous, mais aussi pour les autres; car notre incorporation au Christ nous y oblige: «Vous devez vous laver les pieds les uns aux autres...», ce qui équivaut à dire: «Vous devez travailler au salut de vos frères».

Quand on a contemplé le Sauveur, écrasé par terre, le bassin en mains, il nous reste à le suivre dans son humble service. Le disciple n'est pas au-dessus de son maître. Comme lui, mettons du cœur à la besogne! Donnons-nous sans réserve! N'ayons pas peur de nous dépouiller, de nous pencher, de nous mettre à genoux pour laver les pieds de nos semblables; allons vers celui ou celle que nous voyons tomber, se salir ou se blesser sur la route. N'ayons pas peur des démarches humiliantes, par exemple pour pardonner ou solliciter un pardon: la réconciliation exige souvent que nous prenions des initiatives, que nous allions au-devant de l'autre, que nous sachions nous abaisser, nous mettre à genoux en quelque sorte, pour renouer des liens brisés ou relâchés. N'ayons pas peur de poser des gestes de charité qui pourraient nous coûter cher, être payés d'ingratitude, voire même de trahison: notre Sauveur, esclave d'amour, a été vendu pour trente deniers par un de ses proches... N'ayons pas peur de nous diminuer, en quelque sorte, pour réparer une réputation que, par mégarde, manque de réflexion ou intention plus ou moins coupable, nous aurions dépréciée ou ternie. N'oublions jamais que, baptisées, nous sommes consacrées au service de nos frères et devons porter le poids de leurs péchés en plus de celui des nôtres. L'amour qui ne rend pas esclave n'est pas l'amour! Aimons-nous comme il nous a aimés.

Répétons maintenant avec foi le geste de Jésus lavant les pieds de ses Douze et, ravies comme Jean, le bien-aimé, découvrons-en le sens, les secrets du cœur du Maître. Que cette cérémonie nous soit comme un sacrement à travers lequel notre Rédempteur nous lave; et que, purifiées de la tête aux pieds, nous nous avancions à la table pascale pour célébrer le mémorial avec une joie jubilaire.

Comme toujours, allons à la fête avec Marie, mère du Rédempteur et notre mère, elle dont le «oui» fit lever sur le monde l'aube du salut, et dont le sein virginal et maternel fournit au Verbe de Dieu sa chair salvifique et son sang rédempteur. À son école, apprenons comment revivre le grand mystère de notre Rédemption et, selon le désir de notre Saint-Père le pape pour l'année sainte, «à redécouvrir (...) et à approfondir les richesses cachées depuis des siècles dans le Christ, dans la 'fournaise ardente' du Mystère pascal[21]». Oui, dans un élan tout neuf, ouvrons plus grandes que jamais les portes au Rédempteur!

31 mars 1983

LA RÉDEMPTION POURSUIT
SON ŒUVRE

Mes très chères filles,

Une ambiance de joie, plus chaude qu'à l'accoutumée, enveloppe nos cénacles: c'est le jeudi saint! La page d'Évangile que nous vivons aujourd'hui avec l'Église, n'est-elle pas la cause première de notre famille religieuse!...

Le cycle liturgique nous ramène une fois encore les trois jours canonisés par l'Église, lesquels ne cessent, depuis plus de 1950 ans, de nous remémorer le mystère du salut, d'offrir à notre contemplation et à notre imitation le Fils de Dieu fait chair, l'Homme-Jésus mort et ressuscité, toujours vivant là-haut et ici-bas dans son Église.

En ces jours saints 1984, son corps mystique nous apparaît plus pénétré que jamais du sang sauveur. En effet, depuis le 25 mars 1983[22], l'occasion nous est fournie de puiser davantage dans les sacrements jaillis de son cœur transpercé. Invitées par notre mère la sainte Église, nous entreprenions alors avec elle et en elle le pèlerinage du jubilé extraordinaire de *la Rédemption*, promulgué en vue d'une réflexion plus profonde sur cet événement central de notre foi et pour en recueillir de nombreux fruits de grâce et de miséricorde.

Cette année jubilaire a jeté sur son parcours des lumières très vives sur ce grand mystère; lors de son ouverture, notre Saint-Père le pape nous demandait avec instance d'ouvrir nos portes au *Rédempteur*... Ai-je été docile à ses appels? Ai-je été attentive aux sollicitations de l'Esprit Saint en ce qui regarde ma propre conversion et ma contribution à la mission universelle de salut? Ai-je multiplié mes efforts pour me renouveler spirituellement? Ai-je ouvert à deux battants mes portes au *Rédempteur*, à son Église, à ma sœur, à mon frère?... En un mot, ai-je vécu à plein cette grâce extraordinaire du jubilé?... Nos jours saints doivent être marqués par cet événement et la fête de Pâques, qui le clôturera, préparée avec soin..., avec ferveur...

Plongeons-nous dans le silence et le recueillement, même si l'apostolat nous réclame, pour bien profiter de ces heures précieuses d'intimité avec notre Sauveur, pour l'écouter et accueillir sa Parole avec foi et amour, afin que Pâques soit pour nous, et à cause de nous pour bien d'autres, un nouveau passage de la mort à la vie, une nouvelle résurrection.

Durant ces trois jours, unissons-nous à notre mère la sainte Église qui revit, en des célébrations spéciales et sur des notes plus hautes, plus vibrantes qu'à l'ordinaire, le mystère pascal de son Époux. Ainsi, l'ayant contemplé et approfondi avec elle, selon la grâce du jubilé, *la Rédemption et le Rédempteur* seront désormais plus présents à notre vécu quotidien.

Cette année, je n'ai à vous offrir qu'un entretien préparé rapidement, fruit tout de même d'une oraison: celle du 21 mars dernier. L'évangile du jour (Mt 20, 17-28) nourrissait mon esprit et me brûlait le cœur. Je contemplais, émue, notre divin Maître sur la route avec ses Douze, leur annonçant sa passion, sa mort et sa résurrection. Ses dernières paroles: «Le Fils de l'homme n'est pas venu pour être servi, mais pour servir et donner sa vie en rançon pour la multitude», m'ont renvoyée comme d'instinct à la cène, où je voyais notre cher Jésus répéter ces paroles à ses apôtres, mais cette fois en des signes sensibles et efficaces.

Cet homme qui s'avance vers ses frères dans une attitude d'humble service, c'est notre Rédempteur!... c'est aussi notre Rédemption! Le moindre de ses actes porte la toute-puissance du Verbe! Il lave les pieds comme le fait l'esclave pour son maître, mais nous signifie par là la merveille qu'il opère dans l'âme qu'il touche de sa grâce: il la lave, la purifie, la restaure, la perfectionne jusque dans ses racines les plus profondes et l'élève à la dignité d'enfant de Dieu.

La réaction de Pierre n'est-elle pas, à son insu, celle de l'Église demandant le baptême pour tous ses enfants – la purification totale «des pieds à la tête»? Elle prolongera le geste de son Maître et versera, sur tous ceux qui croiront en lui et consentiront à le suivre, l'eau qui lave, signe du sang qui efface les péchés du monde. Nous est-il permis de voir dans le geste du Sauveur le symbole du sacrement du pardon, de l'absolution accordée à ses apôtres avant leur ordination sacerdotale et leur première communion?

Oui, «servir et donner sa vie en rançon pour la multitude»: voilà l'être de Jésus! Par son sang versé, rendre l'humanité pécheresse à son Père: voilà sa mission. Cette mission unique, il l'exerce de sa naissance à sa mort et depuis, au ciel, dans la gloire de sa résurrection; et sur la terre, dans et par le ministère de son Église.

Son corps est l'instrument de notre salut, et c'est par son obéissance qu'il nous sauve: «Tu m'as formé un corps, me voici pour faire ta volonté» (cf. Hé 10, 5-7). Toutes les activités de ce corps sont *rédemptrices*: à partir de son premier souffle dans les bras de sa mère jusqu'à son dernier dans les bras de sa croix..., à partir de ses petits pas d'enfant jusqu'à ses longues courses apostoliques..., à partir de ses prières au soleil ou au clair de lune jusqu'aux recherches épuisantes de la brebis égarée... Tout en lui est rançon pour la multitude. Cette oblation est sa vie: commencée à l'Incarnation, répétée sans interruption durant 33 ans, elle aboutira à la mort de la croix. Avant d'entreprendre cette dernière phase et d'être «livré aux païens pour qu'ils le flagellent et le crucifient» (Mt 20, 19) avant d'expirer, cloué au bois, il anticipe son sacrifice rédempteur. Au repas d'adieu, en un témoignage surhumain d'amour, sous les apparences du pain rompu et du vin versé, il nous laisse son corps brisé et son sang répandu.

Des mains consacrées et des lèvres sacerdotales répéteront en mémoire de lui les gestes qu'il a posés et les paroles qu'il a prononcées ce soir-là; et à chaque fois, le sacrifice du salut réalisé sur le calvaire nous sera rendu présent. La Rédemption poursuit ainsi son œuvre. Le sang sauveur ne cesse de couler dans les veines du corps mystique et de le vivifier; la chair brisée ne cesse de le nourrir et de le développer. Tous ceux et celles qui s'ouvrent à ce torrent et mangent cette nourriture reçoivent la vie divine et la force pour vivre, avec l'Église et en elle, l'exode, le pèlerinage vers la terre promise.

Depuis vingt siècles, peut-on s'imaginer sans émerveillement et action de grâce ce Christ Sauveur s'adjoignant au jour le jour de nouveaux membres, revivant en chacun sa propre vie de Fils du Père, les conduisant d'étape en étape, au souffle de son Esprit et par les soins de l'Église, son épouse, vers son Royaume?

Oui, *la Rédemption* accomplie il y a près de 2000 ans continue sa course à travers les âges. Sans cesse, par ses sacrements, l'Homme-Jésus, invisible, verse sur nous l'eau qui lave et purifie... Il nous nourrit de sa chair et nous abreuve de son sang. Son corps grandit toujours mystiquement: son extension n'a pas de mesure...; sa durée, pas de limites. Il transcende l'espace et le temps. À la fin des siècles, quand l'œuvre de *la Rédemption* sera consommée et que la foule de ceux qui auront lavé leurs robes dans le sang de l'Agneau (cf. Ap 7, 14) sera complète, on en verra l'éblouissante beauté..., l'inconcevable magnificence, et on contemplera la gloire du *Rédempteur* se réfléchissant sur chacun d'eux... Quel spectacle! Quelle espérance!... Quel bonheur nous est réservé! Et dire que par la grâce sanctifiante, nous le possédons déjà! Et en mangeant le corps du Christ, nous communions sans le voir à ce Dieu Père, Fils et Esprit, qui béatifie et transfigure, et nous recevons en notre propre corps le germe de notre résurrection glorieuse!

En ce jeudi saint, ouvrons plus largement les yeux de notre âme, pour mieux comprendre le mystère du *Rédempteur*, les dimensions de son sacrement d'amour, et prendre davantage conscience de la grandeur et de l'opportunité de notre mission dans l'Église, dont l'efficacité dépend pour une bonne part de notre fidélité à chacune.

Préparons avec ferveur le pain et le vin de notre offrande pascale, afin qu'elle soit un oui des plus sincères à notre vocation dominicaine missionnaire adoratrice. Le oui qui nous fait entrer totalement dans l'acte d'amour. Le oui qui nous fait verser un sang plus généreux dans la coupe du salut. Le oui qui nous fait nous immoler avec l'Agneau de Dieu pour la rémission de nos propres péchés et de ceux de tous nos frères et sœurs. Le oui qui fait battre notre cœur à l'unisson du sien. Le oui qui incline à aimer le Père comme Jésus, d'un amour qui se vérifie dans l'obéissance, et à aimer nos semblables, comme lui, jusqu'à l'extrémité du don et du pardon. Le oui qui dilate le cœur aux dimensions de l'immense famille humaine.

Pourquoi ne pas faire de nos jours saints 1984, en notre temple intérieur, une sorte d'apothéose de louange, d'adoration et d'action de grâce à notre *Rédempteur*? Pourquoi ne pas élargir nos limites par l'ampleur de nos prières et l'ardeur de nos désirs, et rassembler en quelque sorte en notre âme le monde entier, lui communiquer notre foi et notre émerveillement, afin d'obtenir que tous, à l'unisson, reconnaissent Jésus de Nazareth comme l'unique Sauveur: comme la voie, la vérité et la vie...

Cet humble travail, terminé le 24 mars au soir, je l'ai offert à maman Marie comme témoignage de piété filiale à l'occasion de la grande fête de l'Incarnation. Je lui ai demandé que le lendemain, 25, lors de la consécration du monde à son Cœur Immaculé, il soit pour notre *Rédempteur* la manifestation très forte de notre amour, de notre désir d'être toujours plus consacrées en lui, avec lui et par lui, à chaque Eucharistie, dans sa propre consécration au Père, pour la vie du monde.

19 avril 1984

LE TESTAMENT NOUVEAU

Jeudi saint! mot combien doux à l'oreille de notre cœur, doux comme l'Agneau de Dieu dont nous fêtons la Pâque inaugurale! En effet, le jeudi saint évoque chaque année à nos esprits cette institution par laquelle Jésus se survit ici-bas en son mystère pascal. Célébrons avec l'Église cet événement qu'en mémoire de lui elle actualise à chaque fois qu'elle rompt le pain et élève la coupe.

En ce jeudi saint 1985, à la veille du 40e anniversaire de notre fondation, parcourons notre page d'Évangile en chantant un cantique spécial d'action de grâce pour ce don sans pareil de l'Eucharistie, auquel nous sommes nécessairement liées de par notre être de Dominicaines Missionnaires Adoratrices et notre mission dans l'Église.

Laissons-nous toucher, interpeller, bouleverser, convertir, quoi! en contemplant ce que vivait, il y a près de vingt siècles, le petit groupe de témoins privilégiés des dernières heures de notre divin Maître. Revivons, à travers le récit de l'apôtre bien-aimé, ce qui se passait dans la chambre haute du cénacle de Jérusalem ce soir-là : c'était l'immolation et la manducation anticipées du véritable Agneau pascal; c'était le dernier repas, la première ordination, les débuts de l'Église; c'était la soirée du *testament* nouveau.

Jésus, «sachant que son heure est venue de passer de ce monde à son Père», que l'un de ceux qui mangent à sa table «poursuit le dessein de le livrer», que dans le lointain, à la clarté de la lune et des torches, des soldats, chargés de le saisir, s'avancent vers le jardin de Gethsémani..., Jésus, sachant tout cela, multiplie les gestes et les paroles de bonté! Il cherche par tous les moyens possibles à attendrir le cœur du traître. Après lui avoir lavé les pieds comme aux autres, il lui présente un morceau de pain trempé, il lui souffle à l'oreille un mot plein de douceur insinuant qu'il sait tout; mais hélas! le malheureux s'obstine dans la voie de perdition, tourne définitivement le dos à son Ami, quitte la salle, s'enfonce dans la nuit et s'en va consommer le plus horrible des crimes.

L'affreux drame de la passion commence! Notre cher Sauveur sent déjà sur sa joue le froid de la mort dans ce baiser perfide qui, tel que convenu, dira à ces gens armés d'épées et de bâtons: «C'est lui...» et il continue le repas dans un climat de trahison..., d'adieux... Son heure est venue de quitter les siens. Il leur parle avec une tendresse qui crève le cœur: «Mes petits enfants, je n'en ai pas pour longtemps à être avec vous...» et il réalise le grand désir de sa vie: il change le pain et le vin de la cène en son corps livré et en son sang versé, et revêt ses apôtres du pouvoir d'accomplir ce miracle en mémoire de lui. Il laisse ainsi à l'Église, son épouse, comme *testament*, son vrai corps né de la Vierge, sa mère..., son corps dans le mystère de sa vie, de sa mort et de sa résurrection. Puisse l'Esprit Saint nous donner de découvrir comme jamais, en ce *testament*, *l'héritage* que notre Rédempteur nous a acquis au prix de son sang.

Écoutons-le révéler à ses apôtres du 20e siècle les secrets de son cœur eucharistique. «Ce *testament* que je confiais à mes premiers prêtres au soir de ma vie, que je mettais en leurs mains pour vous le transmettre, nous l'avons conçu, mon Père et moi, au souffle de notre commun Esprit. Je vous l'ai préparé avec un amour fou, au cours de mes 33 ans. Je vous l'ai écrit en traits de feu sur le parchemin de ma chair. Je vous l'ai traduit en expressions corporelles de toutes sortes: en travail obscur, en paroles de vérité, en gestes miraculeux, en courses épuisantes, en écoutes attentives, en prières de jour et de nuit; mais ce soir-là, j'étais sur le point d'en écrire les dernières lignes en lettres de sang sur la pierre du jardin, sur le plancher du prétoire, sur la colonne de la flagellation, sur le chemin du calvaire. Avec la dernière goutte, le lendemain à la neuvième heure, je le signais sur la croix; puis mon Père le contresignait, au matin du troisième jour, dans la gloire de ma résurrection; enfin, cinquante jours après, l'Esprit le confirmait, au vent de la Pentecôte, en langues de feu.

«Même si, mourant entre les bras de la croix, j'accomplissais une fois pour toutes le salut du monde, mon corps aujourd'hui ressuscité et marqué des glorieux stigmates de ma passion continue son rôle rédempteur à travers l'espace et le temps. En effet, avant que mes frères me clouent au bois, me percent le cœur...; avant que je remette mon âme entre les mains de mon Père, les paroles que j'ai prononcées sur le pain et le vin de la Pâque, durant le dernier repas que je prenais avec mes disciples, m'ont créé une existence nouvelle de telle sorte que, depuis et pour toujours, je suis présent sous ces espèces consacrées et vous donne mon corps ressuscité et immortel! Voilà le *testament* de la nouvelle alliance! Voilà votre *héritage*!»

L'Eucharistie: quelle merveille! Arrêtons-nous et contemplons. Tout le mystère de notre foi est là! Tout le Royaume de Dieu est là dans cette bouchée de pain! Le Verbe fait chair est là avec toutes les richesses de sa divinité, avec le Père qui l'engendre et l'Esprit, leur lien d'amour. Jésus est là avec tous les mérites de ses 33 ans de vie humaine! Jésus est là avec tous les fruits de sa passion et de sa mort! Jésus est là avec toutes les gloires de sa résurrection et de son ascension! Jésus est là avec tous les membres de son corps mystique qui, par la greffe du baptême, sont devenus enfants du Père, marqués de l'onction royale de l'Esprit et poursuivent, sous sa motion, leur montée vers le Royaume, ou y sont déjà rendus. Jésus est là et, de concert avec son Père, il nous continue le don de son Esprit, lequel, nous dit saint Paul, «constitue les arrhes de notre héritage» (Ép 1, 14) en est l'acompte.

La messe est le lieu privilégié de son action. Il couvre alors l'Église de son ombre, comme autrefois Marie, et sacramentellement le corps du Sauveur renaît, l'Incarnation se prolonge et la Rédemption s'accomplit. Il voit à la croissance et à l'unité du corps mystique, jusqu'à ce que celui-ci ait atteint sa taille parfaite et qu'il soit entré en pleine possession du Royaume.

Tout ce qu'a le Père est au Fils; l'Esprit prend de ce bien pour nous en faire part. Cette participation, elle est pour tout de suite, mais nos yeux ne peuvent voir, nos mains ne peuvent toucher, notre intelligence ne peut saisir ce que, par la grâce du baptême, nous possédons déjà dans le sanctuaire intime de notre âme; ce que, par la communion eucharistique, nous recevons. C'est l'Esprit Saint qui, petit à petit, nous en donne la connaissance et nous conduit vers la vérité tout entière.

Pensons-y : nous possédons déjà notre héritage! Le Royaume de Dieu est bel et bien au-dedans de nous. Nous le commençons ici-bas, la foi nous l'affirme. Il est en plénitude dans l'Hostie que nous contemplons et que nous mangeons. Un jour nous en jouirons pleinement, totalement, et nous régnerons avec le Christ Roi. Quelle destinée! Notre Chef est monté nous préparer une place dans ce Royaume de vie, de lumière et d'amour. Il y a de quoi nous émouvoir, nous enthousiasmer et nous écrier avec saint Paul: «Les souffrances du temps présent ne sont pas à comparer avec la gloire qui doit se révéler en nous» (Rm 8, 18).

Pour ce précieux testament, pour le corps du Verbe fait chair et, en lui, pour notre héritage, allons offrir à Dieu notre Père l'unique sacrifice d'adoration et d'action de grâce. Allons célébrer la Pâque, relire notre *testament*. Allons manger le pain et boire le vin du Royaume, recevoir notre part d'*héritage* et le gage de notre résurrection glorieuse. Allons offrir au Seigneur Jésus notre vie et, en lui, la donner au Père dans un même acte d'amour. Allons lui livrer notre propre corps pour qu'il achève d'écrire en traits de feu et en lettres de sang, sur le parchemin de notre chair, le *testament de son amour*. Et soyons heureuses de contribuer ainsi à l'édification du Christ total, en vue de l'éclatement de son corps de gloire.

Pouvons-nous aller à la fête sans Marie, notre mère, la première héritière du *testament* nouveau? Allons adorer avec elle le corps de son fils, notre Rédempteur.

N'oublions jamais que ce corps, elle nous l'a donné en son cœur avant qu'il prît racine en son sein; qu'elle fut, par son «oui» sans condition et le don total d'elle-même, la collaboratrice par excellence au *testament* nouveau. C'est en elle que le Père et le Fils, par la force de leur Esprit, l'ont conçu. Par son identification au Christ Sauveur, elle en est la parfaite copie. Par sa glorieuse assomption, elle est déjà, de ce *testament*, la réalisation finale anticipée; la synthèse, pourrions-nous dire, de la gloire qui, lorsque les temps seront révolus, rejaillira sur chacun des bienheureux. Unissons-nous à ses sentiments, à son *Magnificat* éternel, cueillons en ses mains pleines de grâces les fruits du sang rédempteur, puisons en son cœur les trésors de notre *testament*. En ce jour anniversaire, donnons à Marie, notre mère, un de nos plus chauds baisers de reconnaissance et d'amour!

Selon la coutume, nous allons reproduire le lavement des pieds. Que cette cérémonie nous dispose à célébrer l'Eucharistie dans l'humilité, avec foi, espérance et amour. Nous comprenons aujourd'hui ce que Pierre et les autres ont compris plus tard: que ce geste d'esclave était le signe d'une réalité renversante; que, sur les pieds de ses Douze, ce que le Maître et Seigneur versait, c'était, selon son intention, son sang qui, le lendemain, répandu sur la croix, laverait les péchés du monde. Par anticipation il leur en appliquait les mérites pour les rendre dignes de prendre part au repas de la Pâque et de manger, sous le signe du pain rompu et du vin distribué, l'Agneau de la nouvelle alliance. Pendant que nous poserons ce geste d'humilité, abandonnons-nous aux mains du Rédempteur, livrons-nous à son Esprit, pour que ce rite produise en chacune de nos âmes la purification dont nous avons besoin pour être moins indignes d'offrir l'Agneau pascal, de nous immoler avec lui, de le manger; en un mot de participer à la Pâque sacramentelle, prélude et annonce de la Pâque éternelle dont jouissent nos frères et sœurs dans le Royaume où nous espérons les rejoindre un jour.

Puissent cette cérémonie du lavement des pieds et notre Eucharistie de ce jour nous préparer à voir et à vivre notre 40e anniversaire à la lumière des Écritures, comme étant la fin d'une génération et le commencement d'une autre, afin que le «mystère pascal» qui pointe à l'horizon de juillet prochain[23] soit pour notre communauté le signe sensible du passage d'une sorte de mort à un nouveau jaillissement de vie et de fécondité dans l'Église.

4 avril 1985

FAITES CECI
EN MÉMOIRE DE MOI

Jeudi saint, jour privilégié où l'Église *fait mémoire*, au maximum, de la cène du Seigneur et nous rappelle comment il nous a aimés. Elle *fait mémoire* de Jésus nous annonçant sa mort par des gestes de service. Elle *fait mémoire* du Christ donnant, pour notre salut, sa chair et son sang sous les signes d'un pain brisé et d'une coupe distribuée. Ce jour est pour nous, peuple de la nouvelle alliance, notre jour du *mémorial*, notre jour de fête, de pèlerinage à Jérusalem, notre Pâque, la célébration de notre délivrance par le sang du véritable Agneau.

Jeudi saint, jour de l'Amour dans son ultime manifestation: «Il les aima jusqu'au bout.»

Jeudi saint, jour de l'Amour à genoux: «Il se met à laver les pieds de ses disciples.»

Jeudi saint, jour de l'Amour sur notre table: «Pendant le repas, il prit du pain, le rompit et le leur donna.»

Jeudi saint, jour de l'Amour dans nos mains: «Prenez.»

Jeudi saint, jour de l'Amour dans notre bouche: «Mangez.»

Jeudi saint, jour de l'Amour dans notre cœur: «Vous en moi, moi en vous.»

Jeudi saint, appel à l'amour: «Aimez-vous comme je vous ai aimés.»

Jeudi saint, promesses d'amour: «Je vais vous préparer une place... Je prierai le Père et il vous donnera un autre Paraclet, pour être avec vous à jamais.»

Jeudi saint, secret d'amour. Jésus nous révèle le mystère de sa transcendante personnalité: «Qui m'a vu a vu le Père.»

Jeudi saint, *mémorial* à jamais établi du Dieu fait homme par amour: «Faites ceci en mémoire de moi.»

Si tout l'Évangile est le grand livre de l'amour, les pages qui relatent le dernier repas, le lavement des pieds, l'institution de l'Eucharistie, le discours après la cène, en sont la synthèse. Elles nous touchent particulièrement, nous, Dominicaines Missionnaires Adoratrices, à cause de notre souffle et de notre mission spécifiques.

Le jeudi saint est le jour où Jésus dépasse, par la puissance de sa parole, toute expression d'amour humainement possible. Ce jour-là, l'amour éclate au cénacle. Ce témoin muet et inconscient a enregistré dans ses murs, pour toujours, les plus grandes merveilles de l'histoire.

Grâce à la plume d'aigle de l'apôtre Jean, nous pouvons revivre un épisode du dernier repas, laissé dans l'ombre par les trois autres évangélistes: le lavement des pieds. Le disciple bien-aimé nous raconte dans les moindres détails ce qu'il a vu et entendu. Il a vu – et il en fut fort impressionné! – son Maître, son Seigneur, le Verbe fait chair se mettre aux genoux de ses Douze, s'écraser sur le parquet et, tel un esclave, leur laver les pieds.

Ce récit remplace chez l'écrivain sacré l'institution de l'Eucharistie. Cependant, par le discours d'adieu et la prière sacerdotale, il nous découvre le cœur de son Maître alors qu'il vient tout juste de créer le sacrement d'amour qui perpétuera, à travers les siècles, son sacrifice.

Le simple geste du lavement des pieds résume la vie et le projet de Jésus, il annonce sa mort et nous signifie son rôle de serviteur prêt à verser son sang, dont l'eau est le symbole, pour nous purifier à fond et nous faire participants de sa vie et de son Royaume. Oui, comme il nous a aimés!

«Il les aima jusqu'au bout!» Que cette parole résonne plus que jamais, ce soir, au creux de notre être. Laissons-la nous pénétrer, nous interpeller. Ruminons-la, cette nuit, dans nos adorations silencieuses *en mémoire* de notre Époux bien-aimé et écoutons-le. Permettons-lui de sonder notre cœur, de peser le poids de notre amour. Répondons sincèrement à ses questions, et tout bas, pour n'être entendues que de lui seul.

«Es-tu prête à aimer comme moi, jusqu'au bout, jusqu'au don total de toi-même, par exemple dans un devoir d'état exigeant?

«Es-tu prête à aimer comme moi, jusqu'à la fin, jusqu'à l'abandon de tes plus chers intérêts, pour te pencher sur les besoins de tes semblables et leur rendre des services, voire même les plus coûteux, les plus humiliants?

«Es-tu prête à aimer comme moi, jusqu'à l'extrême, pour le salut de tes frères et sœurs? Es-tu prête à verser ton sang comme moi sous une croix lourde à porter?

«Es-tu prête à aimer comme moi, jusqu'à ton dernier souffle, et à tout consommer dans l'amour, à mourir d'amour?

«Dis, es-tu prête à aimer comme moi, jusqu'au bout? jusqu'à la fin? jusqu'à l'extrême? jusqu'à la mort?»

Pour ne pas laisser dans l'imprécis ma réponse d'amour au Seigneur, pourquoi ne chercherais-je pas, à l'école de Marie, quels gestes concrets de service il réclame de moi, sa petite servante, pour que je contribue plus efficacement à mon propre salut et à celui de tous ceux et celles qu'il confie à mes soins?

Pendant que nous *ferons mémoire* du lavement des pieds, livrons-nous aux mains de notre unique Sauveur pour être lavées dans l'eau de sa grâce, brûlées dans le feu de son Esprit. Préparons-nous ainsi à avoir part au repas de l'Agneau pascal et à célébrer avec beaucoup de ferveur, en Église, le grand *mémorial* qui non seulement nous rappelle le souvenir de l'événement clef de notre Rédemption, mais l'actualise à chaque fois que les paroles de Jésus: «Ceci est mon corps, ceci est mon sang» sont prononcées par un prêtre sur le pain et le vin de nos offrandes.

En ce jeudi saint 1987, pour vivre notre participation à la «messe en mémoire de la cène du Seigneur» avec plus de force et d'intensité, l'Esprit Saint nous suggère de placer sur la patène et dans la coupe, en guise d'immolation concrète avec le Christ, l'Agneau de Dieu, une volonté bien arrêtée, une soif inassouvie de toujours faire du moment présent le «*ceci en mémoire de lui*».

Donc, que le Jésus de la «messe en mémoire de la cène» soit gravé non seulement en notre *mémoire*, mais surtout en notre vie. Sa passion d'amour, ayons à cœur de l'achever en notre propre chair, d'en ajouter le complément pour louer à jamais son don d'amour, dans l'unité de son corps glorieux avec tous les élus, et en *faire mémoire* éternellement, face au Père, dans son Royaume.

16 avril 1987

NOTRE JEUDI SAINT
AVEC MARIE

Depuis tôt ce matin, je médite sur cette grande fête d'aujourd'hui. Ce qui domine, c'est que pendant cette année mariale, notre jeudi saint doit être vécu *avec Marie*. Faisons *un jeudi saint marial*!

J'ai essayé de pénétrer le cœur du Maître pour voir comment il pensait à sa mère, même en lavant les pieds de ses apôtres. Je me demande s'il ne se rappelait pas sa mère lui lavant les pieds quand, petit gars, il revenait de dehors où il s'était sali, dans la boue peut-être, en conduisant le petit âne; et alors sa maman posait ce geste. Dans le Prions en Église[24], on nous dit que c'est un geste de tendresse et de service. Ce geste de tendresse et de service, la Vierge devait le poser. Dans la *TOB*[25], il y a une petite note qui m'a beaucoup frappée. On dit que le geste de laver les pieds est une action humiliante qu'on ne permettait même pas aux esclaves juifs, mais qui pouvait être l'expression d'une piété éminente vis-à-vis d'un père ou d'un maître. Donc, Jésus a dû laver les pieds de Joseph, son père. Mais n'aurait-il pas aussi lavé les pieds de sa mère? Je me le suis demandé. Ce qui est certain, c'est que ce geste exprime l'amour. Pour Jésus, c'est un geste, une expression d'amour. Disons qu'il a pensé à sa mère! Si on regarde au plan physique, il a dû la voir se pencher sur ses petits pieds d'enfant, les laver et les baiser avec tendresse. Mais il voyait autre chose: il voyait son corps donné, dont le jeudi saint est le mémorial.

L'Église nous dit que nous célébrons aujourd'hui ce corps: c'est impressionnant. Nous célébrons le corps du Christ, le corps qui est le centre de l'Église, où l'Église se construit: le corps du Christ ressuscité et son corps mystique. Mais célébrons d'abord son corps historique. Jésus pense sûrement, dans cette célébration de son corps, à sa mère qui l'a façonné, qui le lui a donné aux dépens de sa chair et de son sang. Elle a pris soin de ce corps, elle l'a aidé à grandir, à se développer.

Il voit aussi son corps mystique dont elle est devenue *la mère* dans un acte d'amour, un *fiat* douloureux à la croix. Il voit, là devant lui l'humanité bien concrète qu'il vient sauver. Il a sous ses yeux douze hommes qui représentent l'humanité pécheresse. Ce sont ses choisis pour bâtir son Église. Il les regarde et il voit un Pierre qui va le renier trois fois, qui va lui tourner le dos, et affirmer ne pas le connaître, au moment où lui, Jésus, va souffrir sa passion. Il voit le traître, celui qui va lui donner le baiser perfide, le baiser qui signifiera: «C'est lui, prenez-le, emparez-vous-en.» Il voit Pierre, Jacques et Jean, ses trois préférés, qui, au soir de l'agonie, s'endormiront comme si rien n'était, pendant qu'il va suer le sang, trembler, avoir peur, être angoissé. Il voit tous les autres apôtres qui, pris de peur, se sauveront en courant au moment de son arrestation. On ne les verra pas suivre Jésus. Il voit donc tout cela! L'humanité coupable, il l'a devant lui; mais il l'a dans ses choisis, ses intimes. Quelle souffrance!

Et Marie! Est-ce que Marie n'a pas souffert cela elle aussi? Ce qui est sûr, c'est qu'elle a souffert la mort de son fils au calvaire. Au pied de la croix, on la voit qui souffre et qui offre le Christ tout déchiré, tout brisé, le Christ qui a une soif brûlante, le Christ qui se meurt d'une angoisse terrible. Son fils, son Jésus, elle l'offre! Elle est la grande offrante; elle est l'Église qui souffre et l'Église qui offre.

Cette année, vivons *avec elle*, si vous le voulez bien, ce lavement des pieds; voyons-la y participer. Est-ce qu'elle n'obtient pas des grâces de purification pour toute l'Église? Elle est *la mère*. Toute sa vie douloureuse, sa vie de souffrances, a été offerte pour le salut du monde. Elle a coopéré avec Jésus au rachat du monde, et elle continue son travail dans l'Église. Vivons donc *avec Marie* cette cérémonie du lavement des pieds. Que ce soit Jésus qui vous lave les pieds, comme il le fit pour ses apôtres. Qu'il lave les pieds de nos missionnaires et les pieds de chacune de vous, représentées par les douze choisies; qu'il nous purifie. Voyons Marie contribuer à cette purification. Je lui demande qu'elle soit en moi; que je sois Marie, mère de Jésus, votre mère et notre mère. Qu'elle passe en répandant sur chacune de vous des grâces et des bénédictions spéciales.

Ce jeudi saint 1988 porte avec lui de grandes joies, mais aussi de grandes souffrances, qui nous donneront de mieux contribuer à la passion de Jésus demain, vendredi, où nous nous rappellerons sa passion, son chemin de croix, sa mort. En ce jeudi saint, mettons donc sur la patène de notre messe tout ce que nous, personnellement, la communauté et surtout l'Église, avons à souffrir. L'Église passe une tourmente, des épreuves de toutes sortes! Portons l'Église dans notre cœur; portons le Saint-Père, portons nos évêques. Oublions nos souffrances personnelles, nos peines personnelles, pour contribuer d'une façon spéciale à une abondance de grâces pour l'Église tout entière. Je vais procéder maintenant au lavement des pieds.

Allocution spontanée, 31 mars 1988

UNE MÉTHODE
D'ACTION DE GRÂCE

Depuis quelque temps, je voyais venir le jeudi saint... et je pensais d'offrir, cette année encore, un petit discours à mes filles. Mais je me suis rendu compte que je n'étais pas capable: ça me demandait trop d'efforts de concentration pour écrire. Je me suis donc dit: «Je vais en faire moi-même le sacrifice et je demanderai la même chose à mes filles.» J'ai aussi pensé: c'est peut-être mon dernier jeudi saint...

La semaine dernière, lundi, je me suis aperçue qu'il restait dix jours avant le jeudi saint. J'ai exprimé un désir ardent au Seigneur: celui de vivre ce jeudi saint comme pouvant être le dernier de ma vie; et dans cette perspective, je voulais le vivre le plus saintement possible.

Le mardi matin, à la messe, j'offrais sur la patène tous les inconvénients de mon âge, avec la perspective d'une mort qui peut venir assez vite – on ne le sait pas. Et j'ai compris comme jamais la grandeur de l'Eucharistie: cette alliance nouvelle qui a été une création nouvelle, un monde nouveau, et l'importance de participer au sacrifice, d'entrer pleinement dans le sacrifice. Enfin, j'ai vu la pureté qu'exige cette participation et surtout cette communion: la communion intime avec Jésus s'immolant..., Jésus venant compléter dans notre cœur son immolation, son sacrifice, pour que nous achevions dans notre corps ce qui manque à sa passion pour son corps, l'Église. Je méditais donc cela et je le comprenais mieux.

Puis, il m'est venu à l'esprit de faire une neuvaine d'actions de grâce..., de communions suivies d'*actions de grâce avec Jésus à la cène*. J'ai vu qu'après avoir fait participer ses apôtres au sacrifice de la nouvelle alliance, après leur avoir donné l'Agneau pascal qu'il était, – le véritable Agneau – après le leur avoir fait manger, Jésus leur a fait faire *l'action de grâce*. À partir de mardi, j'ai donc fait une action de grâce, souvent prolongée jusqu'à neuf heures, avec *Jésus au jour de la cène:* Jésus faisant faire *l'action de grâce* à ses apôtres, qui ne savaient pas qu'ils venaient de faire leur première communion. Et c'est cette action de grâce, ce cadeau de Jésus au soir de la cène, que je crois vous donner aujourd'hui. C'est un moyen, *une méthode d'action de grâce*. J'ai très bien compris, très bien vu que le discours de la cène, c'est Jésus qui vient nous donner son cœur, nous donner son amour, crier son amour dans le cœur du communiant, dans l'intimité d'une rencontre sacramentelle. Jésus vient nous donner son cœur, nous crier son amour avec des expressions bouleversantes: cela, c'est un premier temps d'action de grâce.

Dans le deuxième temps, ce sont les paroles du discours après la cène qu'il dit au cœur du communiant. J'ai trouvé sublime cette méthode d'action de grâce! La première parole que j'ai mangée, de façon spirituelle, je dirais, que j'ai entendue dans mon cœur, c'est: «Mes petits enfants...» Quels sentiments! Quelle expression de tendresse! On dirait que le contenu du verbe aimer n'a jamais été aussi vrai que dans cette parole de Jésus: «Mes petits enfants...» Qu'est-ce qu'il est venu nous dire par là? Je pense qu'il a voulu nous faire prendre conscience profondément de ce que c'est qu'être enfant du Père..., que par lui nous le sommes, mais que c'est lui l'Enfant du Père..., et qu'il vient nous mettre en relation avec son Père. «Qui me voit, voit le Père»: c'est une autre parole qui nous impressionne... «Qui croit en moi, croit en Celui qui m'a envoyé»... on sent que le regard de Jésus, au soir de la cène comme durant toute sa vie, est tourné vers le Père et que c'est vers lui qu'il veut nous tourner, c'est dans ses bras qu'il veut nous jeter. Aussi, quand il dit: «Mes petits enfants», c'est l'écho de la parole du Père dans nos cœurs. Pendant *l'action de grâce*, laissons Dieu le Père nous dire: «Mon petit enfant, ma petite enfant, mon enfant, je t'aime»; laissons-le nous prendre dans ses bras, laissons-le nous exprimer tout son amour; laissons-nous aimer par le Père, en Jésus.

L'action de grâce, il me semble que ce fut cela pour les apôtres: ils devaient écouter leur Maître, boire ses paroles avec une avidité extraordinaire; ils devaient ne rien comprendre... et tout comprendre! L'Esprit Saint devait leur faire saisir globalement ce qu'ils comprendraient plus tard en détail. Mais, pour le moment, il leur suffisait de comprendre que Jésus, c'est le Père qui nous aime; Jésus, c'est le visage du Père qui nous est montré et avec Jésus on va au Père, on entre en relation avec lui. C'est en Jésus que nous sommes enfants du Père.

Je viens de vous donner une petite méthode d'action de grâce que j'ai goûtée pendant neuf jours: ce fut telle parole un matin, telle autre un autre jour, mais c'était toujours des paroles du discours après la cène. C'est l'amour, c'est toujours l'amour! Et c'est Jésus qui ne sait pas comment nous le dire... Que de sollicitude, par exemple, dans cette parole: «Je m'en vais vous préparer une place; puis je vais revenir vous chercher!» Écoutons cela pendant notre *action de grâce*: «Je m'en vais, mais je vous prépare une place; vous avez une place, car il y a bien des demeures dans la maison de mon Père. Il y en a une pour toi, je te l'ai préparée et je vais te la donner; je vais même venir te chercher.» «Je viendrai vous chercher...»: écouter cela pendant *l'action de grâce*, pendant que Jésus est dans notre cœur, c'est merveilleux! Ce sont des paroles de tendresse inouïe, des paroles de sollicitude maternelle, des paroles de bonté, des cris d'amour! «Aimez-vous comme je vous ai aimés»: ça devrait nous faire mal, cette parole... On aime si peu et pas du tout parfois! «Aimez-vous...» Est-ce qu'on aime autant que Jésus veut qu'on aime? «Comme je vous ai aimés»: jusqu'à la mort, jusqu'à vous donner sans mesure, sans distinction de personnes ni de tempéraments; vous donner même au traître, même à celui qui, dans le dos, vous trahit... Vous donner! «Aimez-vous comme je vous ai aimés.»

J'ai choisi ces quelques paroles plus impressionnantes, selon moi, mais je sais que l'Esprit Saint vous fera prendre celles qu'il vous faut. La veille, on peut en prendre une pour le lendemain, ou laisser l'Esprit Saint nous en inspirer une le matin même. Dans un premier temps, il s'agit donc d'accueillir ces paroles de Jésus qui résonnent dans notre cœur et d'une façon bien spéciale, bien particulière, dans cette rencontre intime de la communion. Ensuite, laissons-le faire sa prière à son Père dans notre cœur, dans notre temple, dans cette demeure, dans ce cénacle qu'il nous a demandé de lui préparer. Ce matin, je suis certaine que, vous aussi, vous avez entendu Jésus vous dire: «Prépare-moi une salle bien éclairée, aérée; prépare-moi tout ce qu'il faut pour célébrer la Pâque avec toi aujourd'hui.» Je suis certaine qu'il vous a demandé cela et que toutes, vous avez désiré une grande pureté pour mettre sur la patène votre chair, votre sang, votre personne, votre vie, afin que tout cela devienne chair et sang de Jésus, pour le salut du monde. Je suis certaine que toutes, vous avez soupiré après une grande pureté.

À la cène, par le symbolisme du lavement des pieds, je crois que Jésus a voulu vraiment purifier ses apôtres jusque dans leurs moindres taches. Est-ce que nous ne sommes pas, comme le disait le père Filippini, «des saintes aux pieds sales»? Nous avons reçu le bain du baptême; nous sommes pures, mais nous ramassons de la poussière et de la boue dans le chemin, et nous avons toujours besoin de purification. Je suis donc certaine que vous avez reçu, vous aussi, le sacrement du pardon en prévision de cette communion du jeudi saint, et que vous voulez que «l'eau de la contrition» vous baigne encore de nouveau. Nous pouvons faire aussi – je vous dis cela en passant – une confession spirituelle, en nous reportant à notre dernière confession ou peut-être à une autre: celle qui nous a le plus marquées, le plus impressionnées dans notre vie, même s'il y a plusieurs années de cela. Reportons-nous-y pour demander une purification plus grande; faisons encore agir cette absolution, cette grâce de pardon que nous avons reçue il y a tant d'années, ou hier, ou aujourd'hui... Cela, afin que le lavement des pieds auquel nous allons procéder maintenant produise dans nos cœurs des effets, une purification plus grande pour nous préparer à cette communion intime avec Jésus, et pour que nous puissions prolonger notre *action de grâce...*, la prolonger toute la nuit, s'il le faut, dans l'adoration du Père, avec Jésus. C'est ce qu'il vient faire en nous: chanter la gloire de son Père.

Allocution spontanée, 23 mars 1989

Notes

1. *Cf.* Saint Thomas d'Aquin, *Somme Théologique, L'Eucharistie,* Tome second, Éditions Desclée & Cie, Paris France 1967, Question 81. Article 1., 3., pp. 138-139.

2. *Jn* 13, 8 note[h].

3. T.R.P. Mezard, o.p., *La Moelle de Saint Thomas D'Aquin,* ou *Méditations,* Éditions P. Lethielleux, Paris 1930, pp. 26-27.

4. Bénédiction de l'eau baptismale, *Missel Romain des dimanches et des fêtes,* Office du Samedi saint, Éditions Mame, Paris 1966, p. 138.

5. Séquence de la Fête-Dieu.

6. S.S. Paul VI, *L'Eucharistie, Mysterium Fidei,* Éditions Fides, Montréal, 1965, p. 3.

7. *Vatican II, Les seize documents conciliaires,* Éditions Fides, Montréal, 1966, *LG,* n. 10, p. 30.

8. Pie XII, *Mediator Dei,* Éditions Bonne Presse, France, 1961, 1. b), p. 37; 1., p. 12.

9. *Cf.* Paul VI, *L'Osservatore Romano,* «La Résurrection, acte de la Toute-Puissance divine», Éditions Cité du Vatican, n. 16, (957) avril 1968, pp. 1-4.

10. *La nuit qu'il fut livré,* Hymne de P. Dorlay, H.: J. Gélineau.

11. Testament de M. le Chanoine Cyrille Labrecque.

12. S.S. Jean-Paul II, *Redemptor Hominis,* Éditions Fides, Montréal 1979, n. 20, par. 5, p. 88; *Mc* 1, 15; *cf.* 1 *P* 2, 5.

13. Thème du Congrès Eucharistique International de Lourdes, en 1981.

14. *Cf.* Prière eucharistique, Pour la réconciliation I.

15. Jean-Paul II, (Cardinal Karol Wojtyla), *Le signe de contradiction,* Éditions Gedit, Belgique 1979, p. 43.

16. Jeudi saint 1959.

17. Jean-Paul II, *Ouvrez les portes au Rédempteur*, Éditions Paulines, Montréal 1983, n. 12, p. 20.

18. *L'Église Canadienne*, Vol. XVI, n. 14, mars (1983), p. 423.

19. Jean-Paul II, *Ouvrez les portes au Rédempteur, op. cit.* n. 3.

20. Veillée Pascale, Liturgie de la Lumière: Préface.

21. Jean-Paul II, *L'Osservatore Romano*, « L'Échange des vœux entre le pape et la Curie », janvier (1983), n. 4, p. 1.

22. Ouverture officielle de l'Année Sainte du Jubilé de la Rédemption.

23. Le chapitre général.

24. *Prions en Église*, Triduum pascal, Édition Novalis, Ottawa, Canada, Mars 1988, p. 3.

25. *Cf. Traduction œcuménique de la Bible, Nouveau Testament*, Les Éditions du Cerf, Paris 1972, Jn 13, 5, note[c], p. 327.

Table des matières

Imprimé au Canada — Printed in Canada

METROLITHO inc. SHERBROOKE